楊樹達　撰集

論語古義

貴州出版集團
貴州人民出版社

圖書在版編目（CIP）數據

論語古義 / 楊樹達撰集 . -- 貴陽 : 貴州人民出版社 ,
2024. 9. -- ISBN 978-7-221-18628-7

Ⅰ . B222.25

中國國家版本館 CIP 數據核字第 2024D8X166 號

論語古義

楊樹達　撰集

出 版 人　朱文迅
責任編輯　馬文博
裝幀設計　采薇閣
責任印製　衆信科技

出版發行　貴州出版集團　貴州人民出版社
地　　址　貴陽市觀山湖區中天會展城會展東路 SOHO 辦公區 A 座
印　　刷　三河市金兆印刷裝訂有限公司
版　　次　2024 年 9 月第 1 版
印　　次　2024 年 9 月第 1 次印刷
開　　本　710 毫米 ×1000 毫米 1/16
印　　張　21.25
字　　數　128 千字
書　　號　ISBN 978-7-221-18628-7
定　　價　88.00 元

出版説明

《近代學術著作叢刊》選取近代學人學術著作共九十種，編例如次：

一、本叢刊遴選之近代學人均屬于晚清民國時期，卒于一九一二年以後，一九七五年之前。

二、本叢刊遴選之近代學術著作涵蓋哲學、語言文字學、文學、史學、政治學、社會學、目録學、藝術學、法學、生物學、建築學、地理學等，在相關學術領域均具有代表性，在學術研究方法上體現了新舊交融的時代特色。

三、本叢刊遴選之近代學術著作的文獻形態包括傳統古籍與現代排印本，爲避免重新排印時出錯，本叢刊據原本原貌影印出版。原書字體字號、排版格式均未作大的改變，原書之序跋、附注皆予保留。

四、本叢刊爲每種著作編排現代目録，保留原書頁碼。

五、少數學術著作原書内容有些許破損之處，编者以不改變版本内容爲前提，稍加修補，難以修復之處保留原貌。

六、原版書中個别錯訛之處，皆照原樣影印，未作修改。

由于叢刊規模較大，不足之處，懇請讀者不吝指正。

目録

論語古義

商務印書館發行

楊樹達撰集

論語古義

商務印書館發行

論語古義自序

當勝清光緒壬寅癸卯間。余得見阮氏詩書古訓而好之。時方讀周易。遂以其法集易古義。民國六載。南北交訌。余家居讀老。復依例治老子。兩書先後印行。幸不爲當世通人所譏。北遊以來。頗復輯論語春秋。春秋訖今未就。而論語則三年前輯訖。業付書坊印。將成矣。而倭奴寇滬。板毀於火。頗思重撰。錄錄未遑。今夏南歸。頗多暇日。又久居北地。殊苦南方蒸鬱。長晝無事。奉親之餘。輒假寫書驅除溽暑。汗流蠅擾。不之顧也。費時二月。差得觀成。此編是也。夫論語一書。先儒疏釋備矣。以古義論。惠氏亦既有成書。此編殆不免於贅。惟惠書重在異義異文。於臚舉大義者。顧弗錄。又今所采掇。十九出自漢儒。而漢人八歲入小學。即誦論語孝經。然則二千年前吾先民成童鼓篋。日日諷籀之書。其說義爲何．讀余書猶可恍惚其一二．其於研經之士或者將不無小補也．民國二十二年十二月十七日長沙楊樹達遇夫書於北平頭髮胡同寓廬之積微居．

論語古義卷一

長沙 楊樹達撰集

論語

〔漢書藝文志〕論語者。孔子應答弟子時人及弟子相與言而接聞於夫子之語也。當時弟子各有所記。夫子既卒。門人相與輯而論纂。故謂之論語。

〔白虎通五經篇〕夫制作禮樂。仁之本。聖人道德已備。弟子所以復記論語。何。見夫子遺事異變。出之號令足法。

學而篇第一

子曰。學而時習之。不亦說乎。有朋自遠方來。不亦樂乎。

〔白虎通辟雍篇〕師弟子之道有三。論語。朋友自遠方來。朋友之道也。又曰。回也視予猶父也。父子之道也。以君臣之義教之。君臣之道也。

人不知。而不慍。不亦君子乎。

〔牟子理惑論〕牟子曰。事嘗共見者。可說以實。一人見。一人不見者。難與誠言也。昔人未見麟。問嘗見者。麟何類乎。見者曰。麟如麟也。問者曰。若吾嘗見麟。則不問子矣。而云麟如麟。寧可解哉。見者曰。麟麏身牛尾。鹿蹄馬背。問者霍解。孔子曰。人不知而不慍。不亦君子乎。

有子曰。其爲人也孝弟。而好犯上者。鮮矣。不好犯上。而好作亂者。未之有也。君子務本。本立而道生。孝弟也者。其爲仁之本與。

〔漢書宣帝紀〕地節三年十一月。詔曰。朕既不逮。導民不明。反側晨興。念慮萬方。不忘元元。惟恐羞先帝聖德。故並擧賢良方正。以親萬姓。歷載臻茲。然而俗化闕焉。傳曰。孝弟也者。其爲仁之本與。其令郡國擧孝弟有行義聞於鄉里者各一人。

〔說苑建本篇〕孔子曰。君子務本。本立而道生。夫本不正者。末必倚。始不盛者。終必衰。詩云。原隰既平。泉流既清。本立而道生。春秋之義。有正春者無亂秋。有正君者無危國。易曰。建其本而萬物理。失之毫釐。差以千里。是故君子貴建本而重立始。

〔後漢書延篤傳〕篤論仁孝前後曰。夫仁人之有孝。猶四體之有心腹。枝葉之有根本也。聖人知之。

故曰夫孝天之經也地之義也人之行也君子務本本立而道生孝悌也者其爲仁之本與

〔許愼說文解字序〕蓋文字者經藝之本王政之始前人所以垂後後人所以識古故曰本立而道生

子曰道千乘之國敬事而信節用而愛人使民以時

〔春秋繁露竹林篇〕春秋曰鄭伐許奚惡於鄭而夷狄之也曰衞侯速卒鄭師侵之是伐喪也鄭與諸侯盟於蜀以盟而歸諸侯於是伐許是叛盟也伐喪無義叛盟無信無信無義故大惡之問者曰是君死其子未踰年有稱伯不子法辭其罪何曰先王之制有大喪者三年不呼其門順其志之不在事也書云高宗諒闇三年不言居喪之義也今縱不能如是奈何其父卒未踰年即以喪舉兵也春秋以薄恩且施失其子心故不復得稱子謂之鄭伯以辱之也且其先君襄公伐喪叛盟得罪諸侯諸侯怒之未解惡之未已繼其業者宜務善以覆之今又重之無故居喪以伐人父伐人喪子以喪伐人父加不義於人子施失恩於親以犯中國是父負故惡於前己起大惡於後諸侯畢怒而憎之率而俱至謀共擊之鄭乃恐懼去楚而成蟲牢之盟是也楚與中國俠而擊之鄭罷疲危亡終身

愁辜。吾本其端。無義而敗。由輕心。然孔子曰。道千乘之國。敬事而信。知其爲得失之大也。故敬而慎之。今鄭伯既無子恩。又不熟計。一舉兵不當。被患不窮。自取之也。是以生不得稱子。去其義也。死不得書葬。見其窮也。曰有國者視此。行身不放義。興事不審時。其何如此爾。

〔漢書食貨志〕孟春之月。羣居者將散。行人振木鐸徇於路。以采詩。獻之大師。比其音律。以聞於天子。故曰王者不窺牖戶而知天下。此先王制土處民富而敎之之大略也。故孔子曰。道千乘之國。敬事而信。節用而愛人。使民以時。故民皆勸功樂業。先公而後私。

〔又王嘉傳〕嘉奏封事曰。武王躬履此道。隆至成康。自是以後。縱心恣欲。法度陵遲。至於臣弑君。子弑父。父子至親。失禮患生。何況異姓之臣。孔子曰。道千乘之國。敬事而信。節用而愛人。使民以時。

子曰。弟子入則孝。出則弟。謹而信。汎愛衆。而親仁。行有餘力。則以學文。

〔漢紀二十三元帝紀論〕孔子曰。行有餘力。則可以學文。簡於始也。繪事後素。成有終也。

子曰。君子不重則不威。學則不固。主忠信。無友不如己者。

〔中論貴驗篇〕周書有言。人毋鑒於水。鑒於人也。鑒也者。可以察形。言也者。可以知德。小人恥其面之不及子都也。君子恥其行之不如堯舜也。故小人尙明鑒。君子尙至言。至言也。非賢友則無取之。故君子必求賢友也。詩曰。伐木丁丁。鳥鳴嚶嚶。出自幽谷。遷於喬木。言朋友之義。務在切直以升於善道者也。故君子不友不如己者。非羞彼而大我也。不如己者須己而植者也。然則扶人不暇。將誰相我哉。吾之僨也亦無日矣。故墳庳則水縱。友邪則己僻也。是以君子愼取友也。

過則勿憚改。

〔後漢紀卷十八順帝紀〕張衡對問曰。今眞僞渾淆。昏亂淸朝。此爲下陵上替。分威共德。災異之與。不亦宜乎。易不遠復。論不憚改。朋友交接。且不宿過。況於帝王承天理物。以天下爲公者乎。

〔魏志文帝紀注引魏略〕王將出征。霍性上疏諫曰。兵者凶器。必有凶擾。擾則思亂。亂出不意。臣謂此危危於累卵。昔夏啓隱神三年。易有不遠而復。論有不憚改。誠願大王揆古察今。深謀遠慮。與三事大夫算其長短。

子禽問於子貢曰。夫子至於是邦也。必聞其政。求之與。抑與之與。子貢曰。夫子溫良恭儉讓以得之。夫子之求之也。其諸異乎人之求之與。

〔史記仲尼弟子傳〕見卷五公冶長篇子謂子貢曰章。五十九葉

〔又田叔傳〕孝文帝既立。召田叔問之曰。公知天下長者乎。對曰。臣何足以知之。上曰。公長者也。宜知之。叔頓首曰。故雲中守孟舒。長者也。是時孟舒坐虜大入塞盜劫。雲中尤甚。免。上曰。先帝置孟舒雲中十餘年矣。虜曾一入。孟舒不能堅守。毋故士卒戰死者數百人。長者固殺人乎。公何以言孟舒爲長者也。叔叩頭對曰。是乃孟舒所以爲長者也。夫貫高等謀反。上下明詔。趙有敢隨張王。罪三族。然孟舒自髡鉗。隨張王敖之所在。欲以身死之。豈自知爲雲中守哉。漢與楚相距。士卒罷敝。匈奴冒頓新服北夷。來爲邊害。孟舒知士卒罷敝。不忍出言。士爭臨城死敵。如子爲父。弟爲兄。以故死者數百人。孟舒豈故驅戰之哉。是乃孟舒所以爲長者也。於是上曰。賢哉孟舒。復召孟舒以爲雲中守。太史公曰。孔子稱曰。居是國必聞其政。田叔之謂乎。義不忘賢。明主之美以救過。

〔論衡知實篇〕陳子禽問子貢曰。夫子至於是邦也。必聞其政。求之與。抑與之與。子貢曰。夫子溫良恭儉讓以得之。溫良恭儉讓。尊行也。有尊行於人。人親附之。人親附之。則人告語之矣。然則孔子聞政以人言。不神而自知之也。

〔風俗通過譽篇〕度遼將軍安定皇甫規威明連在大位。欲退避弟。數上病。不見聽。會友人上郡太守王旻物故。規素縞到下亭迎喪。㢮服送之因令客密告并州刺史胡芳。言規擅遠軍營。赴私違公。當及舉奏。答曰威明欲得避弟。故作激發。我爲朝廷惜其功用。何能爲此私家計邪。謹按詩云。淑人君子。其儀不忒。其儀不忒。正是四國。傳曰。一心可以事百君。百心不可事一君。論語。夫子溫良恭儉讓以得之。立朝忘家。即戎忘身。身且忘之。況於弟乎。方殊俗越溢。大爲邊害。朝廷比辟公旰食。規義在出身折衝。彌難而誅伐已定。當見鎭慰。何有挾功苟念去位。弟實儁德。不患無位。而徒闒茸。何所堪施。彊推轂之。亂儀干度。

〔又十反篇〕見卷四里仁篇能以禮讓爲國乎何有章。（四十九葉）

〔魏志荀攸傳注引魏書〕魏武帝悼荀攸。下令云。荀公達眞賢人也。所謂溫良恭儉讓以得之。孔子稱晏平仲善與人交。久而敬之。公達即其人也。

子曰。父在。觀其志。父沒。觀其行。三年無改於父之道。可謂孝矣。

〔禮記坊記篇〕子云。君子弛其親之過而敬其美。論語曰。三年無改於父之道。可謂孝矣。高宗云。三年其惟不言言乃讙。

〔漢書師丹傳〕丹上書言古者諒闇不言。聽於冢宰。三年無改於父之道。前大行尸柩在堂。而官爵臣等以及親屬赫然皆貴寵。封舅爲陽安侯。皇后尊號未定。豫封父爲孔鄉侯。出侍中王邑射聲校尉王邯等。詔書比下。變動政事。卒暴無漸。臣縱不能明陳大義。復曾不能牢讓爵位。相隨空受封侯。增益陛下之過。間者郡國多地動水出。流殺人民。日月不明。五星失行。此皆擧錯失中。號令不定。法度失理。陰陽溷濁之患也。

有子曰。禮之用。和爲貴。先王之道。斯爲美。小大由之。有所不行。知和而和。不以禮節之。亦不可行也。

〔史記仲尼弟子傳〕有若少孔子十三歲。有若曰。禮之用和爲貴。先王之道。斯爲美。小大由之有所不行。知和而和。不以禮節之。亦不可行也。恭近於禮。遠恥辱也。因不失其親。亦可宗也。

有子曰。信近於義。言可復也。恭近於禮。遠恥辱也。因不失其親。亦可宗也。

〔史記仲尼弟子傳〕見前章。

〔說苑脩文篇〕書曰五事。一曰貌。貌者。男子之所以恭敬。婦人之所以姣好也。行步中矩。折旋中規。立則磬折。拱則抱鼓。其以入君朝。尊以嚴。其以入宗廟。敬以忠。其以入鄉曲。和以順。其以入州里族黨之中。和以親。詩曰。溫溫恭人。惟德之基。孔子曰。恭近於禮。遠恥辱也。

子曰。君子食無求飽。居無求安。敏於事而愼於言。就有道而正焉。可謂好學也已。

〔漢書王莽傳上〕張竦爲陳崇奏稱莽功德曰。自公受策以至於今。亹亹翼翼。日新其德。增修雅素以命下國。俊儉隆約以矯世俗。割財損家以帥羣下。彌躬執平以逮公卿。教子尊學以隆國化。僮奴衣布。馬不秣穀。食飲之用。不過凡庶。詩云。溫溫恭人。如集於木。孔子曰。食無求飽。居無求安。公之謂矣。

子貢曰。貧而無諂。富而無驕。何如。子曰。可也。未若貧而樂。富而好禮者也。

〔史記仲尼弟子傳〕見卷五公冶長篇子謂子貢曰章。五十九葉

〔漢書王莽傳上〕張竦爲陳崇草奏稱莽功德曰。竊見安漢公自初束脩。値世俗隆奢麗之時。蒙兩

宮厚骨肉之寵被諸父赫赫之光財饒埶足無所諐意然而折節行仁克心履禮拂世矯俗確然特立惡衣惡食陋車駑馬妃匹無二閨門之內孝友之德衆莫不聞淸靜樂道溫良下士惠於故舊篤於師友孔子曰未若貧而樂富而好禮公之謂矣

〔後漢書光武十王傳論〕孔子稱貧而無諂富而無驕未若貧而樂富而好禮者也若東平憲王可謂好禮者也若其辭至戚去母后豈欲苟立名行而忘親遺義哉蓋位疑則隙生累近則喪大斯蓋名哲之所爲歎息嗚呼遠隙以全忠釋累以成孝夫豈憲王之志哉

子曰不患人之不己知患不知人也

〔中論考僞篇〕孔子曰不患人之不己知者雖語我曰吾爲善吾不信之矣何者以其泉不自中涌而注之者從外來也苟如此則處道之心不明而執義之意不著雖依先王稱詩書將何益哉

論語古義卷一竟

論語古義卷二

長沙 楊樹達撰集

爲政篇第二

子曰爲政以德譬如北辰居其所而衆星共之

〔牟子理惑論〕論語曰爲政以德譬如北辰引天以比人也子夏曰譬諸草木區以別之矣詩之三百牽物合類自諸子讖緯聖人祕要莫不引譬取喩

〔杜恕體論政篇〕孔子曰爲政以德又曰導之以德齊之以禮有恥且格然則德之爲政大矣而禮次之也夫德禮也者其導民之具歟大上養化使民日遷善而不知其所以然此治之上也其次使民交讓處勞而不怨此治之次也其下正法使民利賞而勸善畏刑而不敢爲非此治之下也

〔史記滑稽傳集解引鍾繇等對問〕魏文帝問羣臣三不欺於君德孰優太尉鍾繇司徒華歆司空王朗對曰臣以爲君任德則臣感義而不忍欺君任察則臣畏覺而不能欺君任刑則臣畏罪而不敢欺任德感義與夫導德齊禮有恥且格等趨者也任察畏罪與夫導政齊刑免而無恥同歸者也

孔子曰爲政以德譬如北辰居其所而衆星共之考以斯言論以斯義臣等以爲不忍欺不能欺優劣之縣在於權衡非徒低昂之差乃鈞銖之覺也

子曰道之以政齊之以刑民免而無恥道之以德齊之以禮有恥且格

〔史記酷吏傳〕孔子曰導之以政齊之以刑民免而無恥導之以德齊之以禮有恥且格老氏稱上德不德是以有德下德不失德是以無德法令滋章盜賊多有太史公曰信哉是言也法令者治之具而非制治清濁之源也昔天下之網嘗密矣然姦僞萌起其極也上下相遁至於不振當是之時吏治若救火揚沸非武健嚴酷惡能勝其任而愉快乎言道德者溺其職矣故曰聽訟吾猶人也必也使無訟乎（漢書酷吏傳同）

〔漢書律曆志〕見卷十五衞靈公篇子張問行章（二百三十六葉）

〔又刑法志〕春秋之時王道濅壞教化不行子產相鄭而鑄刑書晉叔嚮非之子產報曰若吾子之言僑不材不能及子孫吾以救世也媮薄之政自是滋矣孔子傷之曰導之以德齊之以禮有恥且格導之以政齊之以刑民免而無恥禮樂不興則刑罰不中刑罰不中則民無所錯手足孟氏使陽

屬爲士師。問於曾子。亦曰。上失其道。民散久矣。如得其情。則哀矜而勿喜。

〔又董仲舒傳〕仲舒對策曰。至秦則不然。師申商之法。行韓非之說。憎帝王之道。以貪狼爲俗。非有文德以敎訓於天下也。誅名而不察實。爲善者不必免。而犯惡者未必刑也。是以百官皆飾空言虛辭而不顧實。外有事君之禮。內有背上之心。造僞飾詐。趣利無恥。又好用憯酷之吏。賦斂亡度。竭民財力。百姓散亡。不得從耕織之業。羣盜並起。是以刑者甚衆。死者相望。而姦不息。俗化使然也。故孔子曰。導之以政。齊之以刑。民免而無恥。此之謂也。

〔劉向戰國策敍〕是故始皇因四塞之固。據崤函之阻。跨隴蜀之饒。聽衆人之策。乘六世之烈。以蠶食六國。兼諸侯。并有天下。杖於謀詐之弊。終於信篤之誠。無道德之敎。仁義之化。以綴天下之心。任刑罰以爲治。信小術以爲道。遂燔燒詩書。坑殺儒士。上小堯舜。下邈三王。二世愈甚。惠不下施。情不上達。君臣相疑。骨肉相疏。化道淺薄。綱紀壞敗。民不見義。而懸於不寧。撫天下十四歲。天下大潰。詐僞之弊也。其比王德。豈不遠哉。孔子曰。道之以政。齊之以刑。民免而無恥。道之以德。齊之以禮。有恥且格。夫使天下有所恥。故化可致也。苟以詐僞偷活取容。自上爲之。何以率天下。秦之敗也。不亦宜乎。

〔後漢書朱祐景丹等傳論〕議者多非光武不以功臣任職。至使英姿茂績委而勿用。然原夫深圖遠算。固將有以焉爾。若乃王道既衰。降及霸德。猶能授受惟庸。勳賢皆序。如管隰之迭升桓世。先趙之同列文朝。可謂兼通矣。降自秦漢。世資戰力。至於翼扶王運。皆武人屈起。亦有鬻繒屠狗輕猾之徒。以連城之賞。或任以阿衡之地。故執疑則隙生。力侔則亂起。蕭樊且猶縲紲。信越終見葅戮。不其然乎。自茲以降。迄于孝武。宰輔五世。莫非公侯。遂使縉紳道塞。賢能蔽壅。朝有世及之私。下多抱關之怨。其懷道無聞。委身草莽者。亦何可勝言。故光武鑒前事之違。存矯枉之志。雖寇鄧之高勳。耿賈之鴻烈。分土不過大縣數四。所加特進朝請而已。觀其治平臨政。課職責咎。將所謂導之以政。齊之以刑者乎。

〔又杜林傳〕林奏曰。夫人情挫辱。則義節之風損。法防繁多。則苟免之行興。孔子曰。導之以政。齊之以刑。民免而無恥。導之以德。齊之以禮。有恥且格。

〔潛夫論德化篇〕見卷十二顏淵篇聽訟吾猶人也章。百八十五葉

〔杜恕體論政篇〕見本卷上文爲政以德章。十一葉

子曰。吾十有五而志于學。三十而立。四十而不惑。五十而知天命。六十而耳順。七十而從心所欲。不踰矩。

〔白虎通辟雍篇〕見卷十九子張篇子夏曰百工居肆章。三百零二葉

〔又姓名篇〕所以五十乃稱伯仲者。五十知天命。思慮定也。能順四時長幼之序。故以伯仲號之。檀弓曰。幼名冠字。五十乃稱伯仲。論語曰。五十而知天命。

〔論衡實知篇〕見卷十九子張篇夫子焉不學節。三百零九葉

〔又知實篇〕孔子曰。吾十有五而志於學。三十而立。四十而不惑。五十而知天命。六十而耳順。從知天命至耳順。學就知明。成聖之驗也。未五十六十之時。未能知天命至耳順也。

〔後漢書左雄傳〕雄上言。郡國孝廉。古之貢士。出則宰民。宣協風教。若其面牆。則無所施用。孔子曰。四十不惑。禮稱强仕。請自今孝廉年不滿四十。不得察舉。若有茂才異行。自可不拘年齒。（後漢紀卷十八同。）

〔吳志孫皎傳〕孫權以書讓皎曰。孔子言三十而立。非但謂五經也。

孟懿子問孝。子曰。無違。樊遲御。子告之曰。孟孫問孝於我。我對曰。無違。樊遲曰。何謂也。子曰。生事之以禮。死葬之以禮。祭之以禮。

〔論衡問孔篇〕孟懿子問孝。子曰。毋違。樊遲御。子告之曰。孟孫問孝於我。我對曰。毋違。樊遲曰。何謂也。子曰。生事之以禮。死葬之以禮。祭之以禮。問曰。孔子之言毋違者。毋違禮也。孝子亦當先意承志。不當違親之欲。孔子言毋違。不言違禮。懿子聽孔子之言。獨不爲嫌於無違志乎。樊遲問何謂。孔子乃言生事之以禮。死葬之以禮。祭之以禮。使樊遲不問。毋違之說。遂不可知也。

〔通典七十九引王肅答尚書訪議〕尚書訪。案漢既葬。容衣還。儒者以爲宜。如文皇帝故事。以存時所服。王肅曰。禮雖無容衣之制。今須容衣還而後虞祭。宜依尸服卒者上服之制。生時褻衣。可隨所存。至於制度。則不如禮。孔子曰。祭之以禮。亦爲此也。諸侯之上服。則今服也。天子不爲命服。然亦所以命服之上也。案漢氏西京故事。月游衣冠。則容衣也。言冠以正服。不以褻衣也。

孟武伯問孝。子曰。父母唯其疾之憂。

〔論衡問孔篇〕孟武伯問孝子曰父母唯其疾之憂武伯善憂父母故曰唯其疾之憂武伯憂親懿子違禮攻其短

子游問孝子曰今之孝者是謂能養至於犬馬皆能有養不敬何以別乎

〔鹽鐵論孝養篇〕文學曰善養者不必芻豢也善供服者不必錦繡也以己之所有盡其親孝之至也故匹夫勤勞猶足以順禮歠菽飲水足以致其敬孔子曰今之孝者是謂能養不敬何以別乎故上孝養志其次養色其次養體貴禮不貪其養禮順心和養雖不備可也

子曰吾與回言終日不違如愚退而省其私亦足以發回也不愚

〔史記仲尼弟子傳〕見卷十二顏淵篇顏淵問仁章百七十三葉

子曰視其所以觀其所由察其所安人焉廋哉人焉廋哉

〔漢書杜欽傳〕欽對策曰觀本行於鄉黨考功能於官職達觀其所舉富觀其所予窮觀其所不爲乏觀其所不取近觀其所爲遠觀其所主孔子曰視其所以觀其所由察其所安人焉廋哉取人之術也

〔牟子理惑論〕孔子曰。視其所以。觀其所由。察其所安。人焉廋哉。昔呂望周公問於施政。各知其後所以終。顏淵乘駟之日。見東野畢之馭。知其將敗。子貢觀邾魯之會。而昭其所以喪。仲尼聞師曠之弦。而識文王之操。季子聽樂。覽衆國之風。何必足履目見乎。

〔劉劭人物志自序〕是故仲尼不試。無所援升。猶序門人以為四科。泛論衆材。以辨三等。又歎中庸以殊聖人之德。尚德以勸庶幾之論。訓六蔽以戒偏材之失。思狂狷以通拘抗之材。疾悾悾而無信。以明僞似之難保。又曰。察其所安。觀其所由。以知居止之行。人物之察也。如此其詳。是以敢依聖訓。志序人物。

子曰。攻乎異端。斯害也已。

〔後漢書范升傳〕升奏曰。今費左二學。無有本師。而多反異。先帝前世。有疑於此。故京氏雖立。輒復見廢。疑道不可由。疑事不可行。詩書之作。其來已久。孔子尚周流游[illegible]。至於知命。自衛反魯。乃正雅頌。今陛下草創天下。紀綱未定。雖設學官。無有弟子。詩書不講。禮樂不修。奏立左費。非政急務。孔子曰。攻乎異端。斯害也已。

子曰。由。誨女知之乎。知之爲知之。不知爲不知。是知也。

〔荀子子道篇〕子路盛服見孔子。孔子曰。由。是裾裾何也。昔者江出於嶓山。其始出也。其源可以濫觴。及其至江之津也。不放舟。不避風。則不可涉也。非維下流水多邪。今女衣服既盛。顏色充盈。天下且孰肯諫女矣。子路趨而出。改服而入。蓋猶若也。孔子曰。由志之。吾語女。奮於言者華。奮於行者伐。色知而有能者。小人也。故君子知之曰知之。不知曰不知。言之要也。能之曰能之。不能曰不能。行之至也。言要則知。行至則仁。既知且仁。夫惡有不足矣。（韓詩外傳卷三說苑雜言篇家語三恕篇並同。）

子張學干祿。子曰。多聞闕疑。愼言其餘。則寡尤。多見闕殆。愼行其餘。則寡悔。言寡尤。行寡悔。祿在其中矣。

〔史記仲尼弟子傳〕顓孫師。陳人。字子張。少孔子四十八歲。子張問干祿。孔子曰。多聞闕疑。愼言其餘。則寡尤。多見闕殆。愼行其餘。則寡悔。言寡尤。行寡悔。祿在其中矣。他日從在陳蔡閒。困。問行。孔子曰。言忠信。行篤敬。雖蠻貊之國行也。言不忠信。行不篤敬。雖州里行乎哉。立。則見其參於前也。在輿。

則見其倚於衡。夫然後行。子張書諸紳。子張問士何如斯可謂之達矣。孔子曰。何哉爾所謂達者。子張對曰。在國必聞。在家必聞。孔子曰。是聞也。非達也。夫達者質直而好義。察言而觀色。慮以下人。在國及家必達。夫聞也者。色取仁而行違。居之不疑。在國及家必聞。

季康子問使民敬忠以勸。如之何。子曰。臨之以莊則敬。孝慈則忠。舉善而敎不能則勸。

〔魏志高柔傳〕柔上疏曰。今博士皆經明行修。一國淸選。而使遷除限不過長。懼非所以崇顯儒術。帥勵怠惰也。孔子稱舉善而敎不能則勸。故楚禮申公。學士銳精。漢隆卓茂。搢紳競慕。臣以爲博士者道之淵藪。六藝所宗。宜隨學行優劣。待以不次之位。敦崇道敎。以勸學者。於化爲宏。

或謂孔子曰。子奚不爲政。子曰。書云孝乎。惟孝友於兄弟。施於有政。是亦爲政。奚其爲爲政。

〔白虎通五經篇〕孔子所以定五經者何。以爲孔子居周之末世。王道陵遲。禮樂廢壞。强陵弱。衆暴寡。天子不敢誅。方伯不敢伐。閔道德之不行。故周流應聘。冀行其道德。自衛反魯。自知不用。故追定五經以行其道。故孔子曰。書曰。孝乎惟孝。友於兄弟。施於有政。是亦爲政也。

〔華嶠後漢書劉平趙孝傳〕先代石氏父子稱孝。子慶相齊。人慕其言而治。此殆所謂孝乎惟孝。友於兄弟。施於有政。是亦爲政也。

子曰。人而無信。不知其可也。

〔崔實政論〕仲尼曰。人而無信。不知其可。今官之接民。甚多違理。苟解面前。不顧先哲。作使百工。及從民市。輒設計加以誘來之。器成之後。更不與直。老弱凍餓。痛號道路。守關告哀。終不見省。歷年累歲。乃纔給之。又云。逋直請十與三。此逋直豈物主之罪邪。不自咎責。反復滅之。寃抑酷痛。足感和氣。

車無輗。小車無軏。其何以行之哉。

〔白孔六帖九十一引董仲舒春秋決獄〕甲爲武庫卒。盜强弩弦。一時與弩異處。當何罪。論曰。兵所居比司馬。闌入者髡。重武備。責精兵也。弩蘗機郭。弦軸異處。盜之不至盜武庫兵陳。論曰。大車無輗。小車無軏。何以行之。甲盜武庫兵。當棄市乎。曰。雖與弩異處。不得弦不可謂弩。矢射不中。與無矢同。不入。與無鏃同。律曰。此邊鄙兵所臧直百錢者。當坐棄市。

〔新序節士篇〕齊攻魯。求岑鼎。魯君載岑鼎往。齊侯不信而反之。以爲非也。使人告魯君。柳下惠以爲是。因請受之。魯君請於柳下惠。柳下惠對曰。君之欲以爲岑鼎也。以免國也。臣亦有國於此。破臣之國以免君之國。此臣所難也。魯君乃以眞岑鼎往。柳下惠可謂守信矣。非獨存己之國也。又存魯君之國。信之於人重矣。猶輿之輗軏也。故孔子曰。大車無輗。小車無軏。其何以行之哉。此之謂也。

子張問十世可知也。子曰。殷因於夏禮。所損益可知也。周因於殷禮。所損益可知也。其或繼周者。雖百世可知也。

〔史記孔子世家〕見卷三八佾篇夏禮吾能言之章。三十二葉

〔漢書禮樂志〕今海內更始。民人歸本。戶口歲息。平其刑辟。牧以賢良。至於家給。既庶且富。則須庠序禮樂之敎化矣。今幸有前聖遺制之威儀。誠可法象而補備之。經紀可因緣而存著也。孔子曰。殷因於夏禮。所損益可知也。周因於殷禮。所損益可知也。其或繼周者。雖百世可知也。

〔又董仲舒傳〕仲舒對策曰。故王者有改制之名。亡變道之實。然夏上忠。殷上敬。周上文者。所繼之捄當用此也。孔子曰。殷因於夏禮。所損益可知也。周因於殷禮。所損益可知也。其或繼周者。雖百世

可知也。此言百王之用以此三者矣。夏因於虞而獨不言所損益者。其道如一而所上同也。道之大原出於天。天不變。道亦不變。是以禹繼舜。舜繼堯。三聖相受而守一道。亡救弊之政也。故不言其所損益也。由是觀之。繼治世者其道同。繼亂世者其道變。

〔法言五百篇〕或問其有繼周者。雖百世可知也。秦已繼周矣。不待夏禮而治者。其不驗乎。曰。聖人之言。天也。天妄乎。繼周者未欲太平也。如欲太平也。捨之而用他道。亦無由至矣。

〔後漢書魯恭傳〕恭議奏曰。夫陰陽之氣。相扶而行。發動用事。各有時節。若不當其時。則物隨而傷。王者雖質文不同。而茲道無變。四時之政。行之若一。月令周世所造。而所據皆夏之時也。其變者唯正朔服色犧牲徽號器械而已。故曰。殷因於夏禮。周因於殷禮。所損益可知也。

〔論衡實知篇〕孔子曰。其或繼周者。雖百世可知也。又曰。後生可畏。焉知來者之不如今也。論損益言可知。稱後生言焉知。後生難處。損益易明也。

〔又正說篇〕孔子曰。殷因於夏禮。所損益可知也。周因於殷禮。所損益可知也。由此言之。夏殷周各自有禮。

子曰非其鬼而祭之諂也

〔說苑反質篇〕凡古之卜日者將以輔道稽疑示有所先而不敢自專也非欲以顛倒之惡而幸安之全孔子曰非其鬼而祭之諂也是以泰山終不享季氏之旅易稱東鄰殺牛不如西鄰之禴祭蓋重禮不貴物也

〔風俗通祀典篇〕禮天子祭天地山川歲徧春秋國語凡禘郊宗祖報此五者國之典禮加之以社稷山川之神皆有功烈於民者也及前哲令德之人所以爲質者也及天之三辰所昭仰也地之五行所生殖也九州名山川澤所出財用也非是族也不在祀典禮矣論語非其鬼而祭之諂也又曰淫祀無福是以泰山不享季氏之旅而易美西鄰之禴祭蓋重祀而不貴牲敬實而不求華也

見義不爲無勇也

〔史記管仲晏子傳贊〕方晏子伏莊公尸哭之成禮然後去豈所謂見義不爲無勇者邪

〔列女傳續傳〕漢馮昭儀者孝元帝之昭儀右將軍光祿勳馮奉世之女也元帝二年昭儀以選入後宮始爲長使數月爲美人生男是爲中山孝王美人爲婕妤建昭中上幸虎圈鬭獸後宮皆從熊

逸出圈。攀檻。欲上殿。左右貴人傅昭儀皆驚走。而馮婕妤直當熊而立。左右格殺熊。天子問婕妤。人情皆驚懼。何故當熊。對曰妾聞猛獸得人而止。妾恐至御坐。故以身當之。元帝嗟嘆。以此敬重焉。君子謂昭儀勇而慕義。詩云公之媚子。從公于狩。論語曰。見義不爲。無勇也。昭儀兼之矣。

論語古義卷二竟

論語古義卷三

長沙　楊樹達撰集

八佾篇第三

孔子謂季氏八佾舞於庭。是可忍也。孰不可忍也。

〔韓詩外傳卷十〕大夫有爭臣三人。雖無道。不失其家。季氏爲無道。僭天子。舞八佾。旅泰山。以雍徹。孔子曰。是可忍也。孰不可忍也。然不亡者。以冉有季路爲宰臣也。

〔白虎通禮樂篇〕歌者在堂上。舞在堂下。何。歌者象德。舞者象功。君子上德而下功。郊特牲曰。歌者在上。論語曰。季氏八佾舞於庭。

〔後漢書荀爽傳〕爽對策曰。禮者。尊卑之差。上下之制也。昔季氏八佾舞於庭。非有傷害困於人物。而孔子猶曰。是可忍也。孰不可忍。

三家者以雍徹。子曰。相維辟公。天子穆穆。奚取於三家之堂。

〔漢書毋將隆傳〕隆奏言。古者諸侯方伯得顓征伐。迺賜斧鉞。漢家邊吏職在距寇。亦賜武庫兵。皆任其事然後彙之春秋之誼家不臧甲所以抑臣威損私力也今賢等便僻弄臣私恩微妾而以天下公用給其私門契國威器共其家備民力分於弄臣武兵設於微妾建立非宜以廣驕僭非所以示四方也孔子曰奚取於三家之堂臣請收還武庫

子曰人而不仁如禮何人而不仁如樂何

〔漢書翟方進傳〕方進奏曰孔子曰人而不仁如禮何人而不仁如樂何言不仁之人亡所施用不仁而多材國之患也

林放問禮之本子曰大哉問禮與其奢也寧儉喪與其易也寧戚

〔大戴禮曾子立事篇〕君子入人之國不稱其諱不犯其禁不服華色之服不稱懼惕之言故曰與其奢也寧儉

〔史記公孫弘傳後記〕元后詔曰蓋聞治國之道富民爲始富民之要在於節儉孝經曰安上治民莫善於禮禮與奢也寧儉昔者管仲相齊桓霸諸侯有九合一匡之功而仲尼謂之不知禮以其奢泰侈擬於君故也夏禹卑宮室惡衣服後聖不循由此言之始之盛也德優矣莫高於儉儉俗化民

則尊卑之序得。而骨肉之恩親。爭訟之原息。斯乃家給人足刑錯之本也歟。可不務哉。

〔漢書五行志上〕古者天子諸侯宮廟大小高卑有制。后夫人媵妾多少進退有度。九族親疏長幼有序。孔子曰。禮。與其奢也。寧儉。故禹卑宮室。文王刑於寡妻。此聖人之所以昭教化也。

〔鹽鐵論論誹篇〕文學曰。禮所以防淫。樂所以移風。禮與樂正。則刑罰中。故隄防成而民無水菑。禮義立。民無亂患。故禮義壞。隄防決。所以治者。未之有也。孔子曰。禮。與其奢也。寧儉。喪。與其易也。寧戚。故禮之所爲作。非以害生傷業也。威儀節文。非以亂化傷俗也。治國謹其禮。危國謹其法。

〔後漢書趙咨傳〕咨遺書勅子胤曰。爰曁暴秦。違道廢德。滅三代之制。興淫邪之法。國貲糜於三泉。人力單於酈墓。玩好窮於糞土。伎巧費於窀穸。自生民以來。厚終之敝。未有若此者。雖有仲尼重明周禮。墨子勉以古道。猶不能禦也。是以華夏之士。爭相陵尚。違禮之本。事禮之末。務禮之華。棄禮之實。單家竭財以相營赴。廢事生而營終亡。替所養而爲厚葬。豈云聖人制禮之意乎。記曰。喪雖有禮。哀爲主矣。又曰。喪。與其易也。寧戚。

子曰。夷狄之有君。不如諸夏之亡也。

〔論衡問孔篇〕夷狄之有君。不若諸夏之亡。言夷狄之難。諸夏之易也。

〔牟子理惑論〕問曰。孔子曰。夷狄之有君。不如諸夏之亡也。孟子譏陳相更學許行之術曰。吾聞用夏變夷。未聞用夷變夏者也。吾子弱冠學堯舜周孔之道。而今舍之。更學夷狄之術。不已惑乎。牟子曰。此吾未解大道時之餘語耳。若子可謂見禮制之華。而闇道德之實。闚炬燭之明。未覩天庭之日也。孔子所言。矯世法矣。孟軻所云。疾專一耳。昔孔子欲居九夷。曰。君子居之。何陋之有。及仲尼不容於魯衞。孟軻不用於齊梁。豈復仕於夷狄乎。禹出西羌而聖哲。瞽瞍生舜而頑嚚。由余產狄國而霸秦。管蔡自河洛而流言。傳曰。北辰之星。在天之中。在人之北。以此觀之。漢地未必爲天中也。

季氏旅於泰山。子謂冉有曰。女弗能救與。對曰。不能。子曰。嗚呼。曾謂泰山不如林放乎。

〔張衡上順帝封事〕臣聞國之大事在祀。祀莫大於郊天奉祖。方今道路流言。僉曰。孝安皇帝南巡路崩。從駕左右行慝之臣。欲徼諸國王子。故不發喪。衣車還宮。僞遣大臣並禱請命。臣處外治。不知其審。然尊靈見罔。豈能無怨。且凡夫私小有不蠲。猶爲譴謫。況以大穢用禮郊廟。孔子曰。曾謂泰山不如林放乎。天地明察。降禍見災。乃其理也。

〔論衡感類篇〕季氏旅於太山。孔子曰。曾謂泰山不如林放乎。以曾子之細。猶卻非禮。周公至聖。豈安天子之葬。曾謂周公不如曾子乎。

子曰。君子無所爭。必也射乎。揖讓而升。下而飲。其爭也君子。

〔禮記射義篇〕射者仁之道也。射求正諸己。己正而後發。發而不中。則不怨勝己者。反求諸己而已矣。孔子曰。君子無所爭。必也射乎。揖讓而升。下而飲。其爭也君子。

〔白虎通禮樂篇〕禮所揖讓何。所以尊人自損也。揖讓則不爭。論語曰。揖讓而升。下而飲。其爭也君子。故君使臣以禮。臣事君以忠。謙謙君子。利涉大川。以貴下賤。大得民也。屈己敬人。君子之心。故孔子曰。爲禮不敬。吾何以觀之哉。

子夏問曰。巧笑倩兮。美目盼兮。素以爲絢兮。何謂也。子曰。繪事後素。

〔史記仲尼弟子傳〕卜商字子夏。少孔子四十四歲。子夏問。巧笑倩兮。美目盼兮。素以爲絢兮。何謂也。子曰。繪事後素。曰。禮後乎。孔子曰。商始可與言詩已矣。子貢問師與商孰賢。子曰。師也過。商也不

及然則師愈與曰過猶不及子謂子夏曰汝爲君子儒無爲小人儒

〔漢紀二十三元帝紀論〕見卷一學而篇弟子入則孝章四葉

曰禮後乎子曰起予者商也始可與言詩已矣

〔韓詩外傳卷三〕劍雖利不厲不斷材雖美不學不高雖有旨酒嘉殽不嘗不知其旨雖有善道不學不達其功故學然後知不足教然後知不究不足故自愧而勉不究故盡師而熟由此觀之則教學相長也子夏問詩學一以知二孔子曰起予者商也始可與言詩已矣

子曰夏禮吾能言之杞不足徵也殷禮吾能言之宋不足徵也文獻不足故也足則吾能徵之矣

〔史記孔子世家〕孔子之時周室微而禮樂廢詩書缺追跡三代之禮序書傳上紀唐虞之際下至秦繆編次其事曰夏禮吾能言之杞不足徵也殷禮吾能言之宋不足徵也足則吾能徵之矣觀殷夏所損益曰後雖百世可知也以一文一質周監二代郁郁乎文哉吾從周故書傳禮記自孔氏

〔漢書藝文志〕周室既微載籍殘缺仲尼思存前聖之業乃稱曰夏禮吾能言之杞不足徵也殷禮

吾能言之宋不足徵也文獻不足故也足則吾能徵之矣

〔白虎通三正篇〕王者所以存二王之後何也所以尊先王通天下之三統也明天下非一家之有謹敬謙讓之至也故封之百里使得服其正色行其禮樂永事先祖論語曰夏禮吾能言之杞不足徵也殷禮吾能言之宋不足徵也

子曰禘自既灌而往者吾不欲觀之矣

〔史記禮書〕人道經緯萬端規矩無所不貫誘進以仁義束縛以刑罰故德厚者位尊祿重者寵榮所以總一海內而整齊萬民也人體安駕乘爲之金輿錯衡以繁其飾目好五色爲之黼黻文章以表其能耳樂鐘磬爲之調諧八音以蕩其心口甘五味爲之庶羞酸鹹以致其美情好珍善爲之琢磨圭璧以通其意故大路越席皮弁布裳朱絃洞越大羹玄酒所以防其淫侈救其彫敝是以君臣朝廷尊卑貴賤之序下及黎庶車輿衣服宮室飲食嫁娶喪祭之分事有宜適物有節文仲尼曰禘自既灌而往者吾不欲觀之矣

〔通典四十九引王肅奏〕近尚書難臣以曾子問唯祫於太祖羣主皆從而不言禘知禘不合食臣

答以爲禘祫殷祭羣主皆合舉祫則禘可知也論語孔子曰禘自旣灌而往者吾不欲觀之矣所以特禘者以禘大祭故欲觀其盛禮也禘祫大祭獨舉禘則祫亦可知也於禮記則以祫爲大於論語則以禘爲盛進退未知其可也

或問禘之說子曰不知也知其說者之於天下也其如示諸斯乎指其掌

〔史記封禪書〕其後百有餘年而孔子論述六藝傳略言易姓而王封泰山禪乎梁父者七十餘王矣其俎豆之禮不章蓋難言之或問禘之說孔子曰不知知禘之說其於天下也視其掌

祭如在祭神如神在子曰吾不與祭如不祭

〔春秋繁露祭義篇〕祭之爲言際也與祭然後能見不見見不見之見者然後知天命鬼神知天命鬼神然後明祭之意明祭之意乃知重祭事孔子曰吾不與祭如不祭祭神如神在重祭事如事生

〔漢書韋玄成傳〕元帝下詔曰朕聞明王之御世也遭時爲法因事制宜往者天下初定遠方未賓因嘗所親以立宗廟蓋建威銷萌一民之至權也今賴天地之靈宗廟之福四方同軌蠻貊貢職久遵而不定令疏遠卑賤共承尊祀殆非皇天祖宗之意朕甚懼焉傳不云乎吾不與祭如不祭

王孫賈問曰。與其媚於奧。寧媚於竈。何謂也。

〔白虎通姓氏篇〕王者之子稱王子。王者之孫稱王孫。諸侯之子稱公子。公子之子稱公孫。公孫之子各以其王父字爲氏。故春秋有王子瑕。論語有王孫賈。又有衞公子荊公孫朝。魯有仲孫叔孫季孫。楚有昭屈景。齊有高國崔。以知其爲子孫也。

子曰。不然。獲罪於天。無所禱也。

〔春秋繁露郊語篇〕天者百神之大君也。事天不備。雖百神猶無益也。何以言其然也。祭而地神者。春秋譏之。孔子曰。獲罪於天。無所禱也。是其法也。

子曰。周監於二代。郁郁乎文哉。吾從周。

〔史記孔子世家〕見本卷上文夏禮吾能言之章。三十二葉

〔漢書哀帝紀〕帝太后丁氏崩。上曰。朕聞夫婦一體。詩云。穀則異室。死則同穴。昔季武子成寢。杜氏之殯在西階下。請合葬而許之。附葬之禮。至周興焉。郁郁乎文哉。吾從周。孝子事亡如事存。帝太后宜起陵恭皇之園。

〔又禮樂志〕王者必因前王之禮。順時施宜。有所損益。即民之心。稍稍制作。至太平而大備。周監於二代。禮文尤具。事爲之制。曲爲之防。故稱禮經三百。威儀三千。於是教化浹洽。民用和睦。災害不生。禍亂不作。囹圄空虛。四十餘年。孔子美之曰。郁郁乎文哉。吾從周。

〔又儒林傳〕見卷八泰伯篇大哉堯之爲君也章。百二十葉

〔又王莽傳上〕莽上奏曰。今制禮作樂。實考周爵五等。地四等。有明文。殷爵三等。有其說。無其文。孔子曰。周監於二代。郁郁乎文哉。吾從周。臣請諸將帥當受爵邑者。爵五等。地四等。

〔論衡齊世篇〕至周之時。人民文薄。八卦難復因襲。故文王衍爲六十四首。極其變。使民不倦。至周之時。人民久薄。故孔子作春秋。采毫毛之善。貶纖介之惡。稱曰。周監於二代。郁郁乎文哉。吾從周。孔子知世浸弊。文薄難治。故加密致之罔。設纖微之禁。檢柙守持。備具悉極。此言妄也。上世之人所懷五常也。下世之人亦所懷五常也。共稟一氣而生。上世何以質朴。下世何以文薄。

子入太廟。每事問。或曰。孰謂鄹人之子知禮乎。入太廟。每事問。子聞之曰。是禮也。

〔春秋繁露郊事對篇〕臣湯問仲舒。祠宗廟或以鶩當鳧。鶩非鳧。可用否。仲舒對曰。鶩非鳧。鳧非鶩也。臣聞孔子入太廟。每事問。愼之至也。陛下祭躬親齋戒沐浴以承宗廟甚敬謹。奈何以鳧當鶩。鶩當鳧。名實不相應。以承大廟。不亦不稱乎。臣仲舒愚以爲不可。

〔論衡知實篇〕子入太廟。每事問。不知故問。爲人法也。孔子未嘗入廟。廟中禮器衆多非一。孔子雖聖。何能知之。以嘗見實。已知而復問。爲人法。孔子曰。疑思問。疑乃當問邪。實已知當復問。爲人法。孔子知五經。門人從之學。當復行問以爲人法。何故專口授弟子乎。不以已知五經復問爲人法。獨以已知太廟復問爲人法。聖人用心何其不一也。

子貢欲去告朔之餼羊。子曰。賜也。爾愛其羊。我愛其禮。

〔漢書律曆志上〕自文公閏月不告朔。至此百有餘年。莫能正曆數。故子貢欲去其餼羊。孔子愛其禮。而著其法於春秋。經曰。冬十月朔。日有食之。傳曰。不書日。官失之也。天子有日官。諸侯有日御。日官居卿以底日。禮也。日御不失日。以授百官於朝。言告朔也。

〔又張禹傳〕禹年老。自治冢塋。起祠室。好平陵肥牛亭部處地。又近延陵。奏請求之上。以賜禹。詔令平陵徙亭它所。曲陽侯根聞而爭之。此地當平陵寢廟。衣冠所出遊道。禹爲師傅。不遵謙讓。至求衣冠所遊之道。又徙壞舊亭。重非所宜。孔子稱賜愛其羊。我愛其禮。宜更賜禹它地。

〔續漢書祭祀志上〕光武上泰山刻石文云：秦相李斯燔詩書。樂崩禮壞。建武元年已前文書散亡。舊典不具。不能明經文。以章句細微相況八十一卷。明者爲驗。又其十卷。皆不昭晳。子貢欲去告朔之餼羊。子曰：賜也。爾愛其羊。我愛其禮。後有聖人正失誤。

〔論衡非韓篇〕子貢去告朔之餼羊。孔子曰：爾愛其羊。我愛其禮。子貢惡費羊。孔子重廢禮也。故以舊防爲無益而去之者。必有水災。以舊禮爲無補而去之。必有亂患。

〔蔡邕集月令篇名〕古者諸侯朝正於天子。受月令以歸。而藏諸廟中。天子藏之於明堂。每月告朔朝廟。出而行之。周室既衰。諸侯怠於禮。魯文公廢告朔而朝。仲尼譏之。經曰：閏月不告朔。猶朝於廟。刺舍大禮而徇小儀。自是告朔遂闕。而徒用其羊。子貢非廢其令而請去之。仲尼曰：賜也。爾愛其羊。我愛其禮。庶明王復興。君人者昭而明之。稽而用之耳。

定公問。君使臣。臣事君。如之何。孔子對曰。君使臣以禮。臣事君以忠。

〔後漢書陳忠傳〕時三府任輕。機事專委尚書。而災眚變咎。輒切免公台。忠以爲非國舊禮。上疏諫曰。臣聞君使臣以禮。臣事君以忠。故三公稱曰冢宰。王者待以殊敬。在輿爲下。御坐爲起。入則參對而議政事。出則監察而董是非。漢典舊事。丞相所請。靡有不聽。今之三公。雖當其名。而無其實。選舉誅賞。一由尚書。尚書見任。重於三公。陵遲以來。其漸久矣。臣忠心常獨不安。是故臨事戰懼。不敢穴見有所興造。又不敢希意同僚。以謬平典。而謗讟日聞。罪足萬死。近以地震策免司空陳褒。今者災異。復欲切讓三公。昔孝成皇帝以妖星守心。移咎丞相。使賁麗納說方進。方進自引。卒不蒙上天之福。徒乖宋景之誠。故知是非之分。較然有歸矣。

〔魏志明帝傳注引魏略〕董尋上書諫明帝曰。建安以來。野戰死亡。或門殫戶盡。雖有存者。遺孤老弱。若今宮室狹小。當廣大之。猶宜隨時。不妨農務。況乃作無益之物。黃龍鳳凰九龍承露盤。土山淵池。此皆聖明之所不興也。其功參倍於殿舍。三公九卿侍中尚書。天下至德。皆知非道而不敢言者。以陛下春秋方剛。心畏雷霆。今陛下既尊羣臣。顯以冠冕。被以文繡。載以華輿。所以異於小人。而使穿方舉土。面目垢黑。沾體塗足。衣冠了鳥。毀國之光。以崇無益。甚非謂也。孔子曰。君使臣以禮。臣事

君以忠無忠無禮國何以立

哀公問社於宰我宰我對曰夏后氏以松殷人以柏周人以栗曰使民戰栗

〔白虎通宗廟篇〕祭所以有主者何言神無所依據孝子以主係心焉論語云哀公問主於宰我宰我對曰夏后氏以松松者所以自竦動殷人以柏柏者所以自迫促周人以栗栗者所以自戰慄亦不相襲所以用木爲之者何木有終始又與人相似也蓋題之以爲記欲令後可知也方尺或曰長尺二寸孝子入宗廟之中雖見木主亦當盡敬也

子曰管仲之器小哉

〔春秋繁露精華篇〕齊桓挾賢相之能用大國之資卽位五年不能致一諸侯於柯之盟見其大信一年而近國之君畢至鄄幽之會是也其後二十年之間亦久矣尙未能大合諸侯也至於救邢衞之事見存亡繼絕之義而明年遠國之君畢至貫澤陽穀之會是也故曰親近者不以言召遠者不以使此其效也其後矜功振而自足而不修德故楚人滅弦而志弗憂江黃伐陳而不往救損人之國而執其大夫不救陳之患而責陳不納不復安鄭而必欲迫之以兵功未良成而志已滿矣故曰

管仲之器小哉。此之謂也。自是日衰。九國叛矣。

〔新序雜事篇四〕有司請吏於齊桓公。桓公曰。以告仲父。有司又請。桓公曰。以告仲父。若是者三。在側者曰。一則告仲父。二則告仲父。易哉爲君。桓公曰。吾未得仲父則難。已得仲父。曷爲其不易也。故王者勞於求人。佚於得賢。舜舉衆賢在位。垂衣裳恭己無爲而天下治。湯文用伊呂。成王用周邵而刑措不用。兵偃而不動。用衆賢也。桓公用管仲則小也。故至於霸而不能以王。故孔子曰。小哉管仲之器。蓋善其遇桓公。惜其不能以王也。

子謂韶。盡美矣。又盡善也。謂武。盡美矣。未盡善也。

〔漢書董仲舒傳〕仲舒對策曰。堯在位七十載。迺遜位以禪虞舜。堯崩。天下不歸堯子丹朱而歸舜。舜知不可辟。迺即天子之位。以禹爲相。因堯之輔佐。繼其統業。是以垂拱無爲而天下治。孔子曰。韶盡美矣。又盡善矣。此之謂也。至於殷紂。逆天暴物。殺戮賢知。殘賊百姓。伯夷太公皆當世賢者。隱處而不爲臣。守職之人皆奔走逃亡。入於河海。天下秏亂。萬民不安。故天下去殷而從周。文王順天理物。師用賢聖。是以閎夭大顛散宜生等亦聚於朝廷。愛施兆民。天下歸之。故太公起海濱而即三公也。當此之時。紂尙在上。尊卑昏亂。百姓散亡。故文王悼痛而欲安之。是以日昃而不暇食也。孔子作春秋。先正王而繫萬事。見素王之文焉。繇此觀之。帝王之條貫同。然而勞逸異者。所遇之時異也。孔子曰。武盡美矣。未盡善也。此之謂也。

子曰。居上不寬。爲禮不敬。臨喪不哀。吾何以觀之哉。

〔春秋繁露仁義法篇〕故自稱其惡謂之情。稱人之惡謂之賊。求諸己謂之厚。求諸人謂之薄。自責以備謂之明。責人以備謂之惑。是故以自治之節治人。是居上不寬也。以治人之度自治。是爲禮不敬也。爲禮不敬則傷行而民弗尊。居上不寬則傷厚而民弗親。弗親則弗信。弗尊則弗敬。二端之政詭於上而僻行之則誹於下。仁義之處可無論乎。

〔漢書五行志下之上〕思心之不容。是謂不聖。思心者。心思慮也。容。寬也。孔子曰。居上不寬。吾何以觀之哉。言上不寬大包容臣下。則不能居聖位。

〔白虎通禮樂篇〕見本卷上文君子無所爭章。三十一葉

論語古義卷三竟

論語古義卷四

長沙 楊樹達撰集

里仁篇第四

子曰。里仁爲美。擇不處仁。焉得知。

〔孟子公孫丑上篇〕孟子曰。矢人豈不仁於函人哉。矢人惟恐不傷人。函人惟恐傷人。巫匠亦然。故術不可不愼也。孔子曰。里仁爲美。擇不處仁。焉得智。夫仁。天之尊爵也。人之安宅也。莫之禦而不仁。是不智也。不仁不智。無禮無義。人役也。人役而恥爲役。由弓人而恥爲弓。矢人而恥爲矢也。如恥之。莫如爲仁。仁者如射。射者正己而後發。發而不中。不怨勝己者。反求諸己而已矣。

〔說苑貴德篇〕凡所以貴士君子者。以其仁而有德也。孔子曰。里仁爲美。擇不處仁。焉得智。夫仁者必恕然後行。行一不義。殺一無罪。雖以得高官大位。仁者不爲也。夫大仁者。愛近以及遠。及其有所不諧。則虧小仁以就大仁。大仁者。恩及四海。小仁者。止於妻子。

子曰。不仁者不可以久處約。不可以長處樂。仁者安仁。知者利仁。

〔史記滑稽傳集解引鍾繇華歆王朗等對問〕前志稱。仁者安仁。智者利仁。畏罪者强仁。校其仁者。功則無以殊。核其爲仁者。則不得不異。安仁者。性善者也。利仁者。力行者也。强仁者。不得已者也。三仁相比。則安仁優矣。易稱。神而化之。使民宜之。若君化使民然也。然則安仁之化與强仁之化。優劣亦不得不相縣絕也。

子曰。惟仁者能好人。能惡人。

〔後漢書孝明八王傳注引東觀記〕和帝賜彭城王恭詔曰。孔子曰。惟仁者能好人能惡人。貴仁者所好惡得其中也。

子曰。苟志於仁矣。無惡也。

〔春秋繁露玉英篇〕經曰。宋督弑其君與夷。傳言莊公馮殺之。不可及於經。何也。曰。非不可及於經。其及之端眇。不足以類鈎之。故難知也。傳曰。臧孫許與晉郤克同時而聘乎齊。按經無有。豈不微哉。不書其往。而有避也。今此傳言莊公馮。而於經不書。亦以有避也。是以不書聘乎齊。避所羞也。不書莊公馮殺。避所善也。是故讓者。春秋之所善。宣公不與其子而與其弟。其弟亦不與子而反之兄子。

雖不中法。皆有讓高。不可棄也。故君子爲之諱不居正之謂避。其後也亂。移之宋督以存善志。此亦春秋之義。善無遺也。若直書其篡。則宣繆之高滅。而善志無所見矣。難者曰。爲賢者諱。皆言之爲宣繆諱。獨弗言。何也。曰。不成於賢也。其爲善不法。不可取。亦不可棄。棄之則棄善志也。取之則害王法。故不棄。亦不載。以意見之而已。苟志於仁無惡。此之謂也。

子曰。富與貴。是人之所欲也。不以其道得之。不處也。貧與賤。是人之所惡也。不以其道得之。不去也。君子去仁。惡乎成名。

〔論衡問孔篇〕孔子曰。富與貴。是人之所欲也。不以其道得之。不居也。貧與賤。是人之所惡也。不以其道得之。不去也。此言人當由道義得。不當苟取也。當守節安貧。不當妄去也。

〔後漢書李通傳論〕子曰。富與貴。是人之所欲。不以其道得之。不處也。李通豈知夫所欲而未識以道者乎。夫天道性命。聖人難言之。況乃億測微隱。猖狂無妄之禍。汙滅親宗。以觖一切之功哉。

〔牟子理惑論〕牟子曰。富與貴。是人所欲。不以其道得之。不處也。貧與賤。是人之所惡。不以其道得之。不去也。老子曰。五色令人目盲。五音令人耳聾。五味令人口爽。馳騁畋獵。令人心發狂。難得之貨令人行妨。聖人爲腹不爲目。此言豈虛哉。柳下惠不以三公之位易其行。段干木不以其身易魏文之富。許由巢父棲木而居。自謂安於帝宇。夷齊餓於首陽。自謂飽於文武。蓋各得其志而已。何不聊之有乎。

〔稽康答向子期難養生論〕聖人又曰。富與貴是人之所欲者。蓋爲季世惡貧賤而好富貴也。未能外榮華而安貧賤。且抑使由其道而不爭。不可令其力爭。故許其心競。中庸不可得。故與其狂狷。此俗談耳。不言至人當貪富貴也。

〔陸景典語〕夫無功而受祿。君子猶不可。況小人乎。孔子所以恥稟丘之封。而惡季氏之富也。故曰。富與貴。是人之所欲。不以其道得之。不處。苟得其志。執鞭可爲。苟非其道。卿相猶避。明君不可以虛授人臣亦不可以苟受也。

君子無終食之閒違仁。造次必於是。顚沛必於是。

〔鹽鐵論論儒篇〕見卷十三子路篇言不順則事不成節。百九十四葉

子曰。人之過也。各於其黨。觀過斯知仁矣。

〔漢書外戚傳昭帝上官后傳〕燕王旦上書云子路喪姊期而不除孔子非之子路曰由不幸寡兄弟不忍除之故曰觀過知仁

〔後漢書吳祐傳〕嗇夫孫性私賦民錢市衣以進其父父得而怒曰有君如是何忍欺之促歸伏罪性慚懼詣閤持衣自首祐屏左右問其故性具談父言祐曰掾以親故受汚穢之名所謂觀過斯知仁矣使歸謝其父還以衣遺之

子曰朝聞道夕死可矣

〔漢書夏侯勝傳〕勝霸既久繫霸欲從勝受經勝辭以罪死霸曰朝聞道夕死可矣勝賢其言遂授之繫再更冬講論不怠

〔新序雜事篇一〕見卷八泰伯篇曾子有疾孟敬子問之章百零八葉

子曰君子懷德小人懷土君子懷刑小人懷惠

〔漢書貢禹傳〕禹上書言願乞骸骨及身生歸鄉里天子報曰朕以生有伯魚之廉史魚之直守經據古不阿當世孳孳於民俗之所寡故親近生幾參國政今未得久聞生之奇論也而云欲退意豈

有所恨與將在位者與生殊乎。往者嘗令金敞語生。欲及生時祿生之子。旣已諭矣。今復云子少夫。以王命辨護生家。雖百子何以加。傳曰。亡懷土。何必思故鄉。生其強飯愼疾以自輔。（按顏注引論語小人懷土。明楊愼謂易小人爲亡。不欲以小人斥其臣。是也。）

子曰。能以禮讓爲國乎。何有。不能以禮讓爲國。如禮何。

〔鹽鐵論輕重篇〕文學曰。禮義者國之基也。而權利者政之殘也。孔子曰。能以禮讓爲國乎。何有。

〔劉向戰國策敍〕。五伯之起。尊事周室。五伯之後。時君雖無德。人臣輔其君者。若鄭之子產。晉之叔向。齊之晏嬰。挾君輔政。以並立於中國。猶以義相支持。歌說以相感。聘覲以相交。期會以相一。盟誓以相救。天子之命。猶有所行。會享之國。猶有所耻。小國得有所依。百姓得有所息。故孔子曰。能以禮讓爲國乎。何有。周之流化。豈不大哉。

〔漢書匡衡傳〕衡上疏曰。孔子曰。能以禮讓爲國乎。何有。朝廷者。天下之楨幹也。公卿大夫相與循禮恭讓。則民不爭。好仁樂施。則下不暴。上義高節。則民興行。寬柔和惠。則衆相愛。四者明王之所以不嚴而成化也。

〔又王莽傳上〕張竦為陳崇草奏稱莽功德曰．公卿咸歎公德同盛公勳．皆以周公為比．宜賜號安漢公．益封二縣．公皆不受．傳曰．申包胥不受存楚之報．晏平仲不受輔齊之封．孔子曰．能以禮讓為國乎何有．公之謂也．

〔後漢書劉愷傳〕賈逵上書曰．孔子稱．能以禮讓為國．於從政乎何有．竊見居巢侯劉般嗣子愷素行孝友．謙遜潔清．讓封弟憲．潛身遠迹．有司不原樂善之心．而繩以循常之法．懼非長克讓之風．成含弘之化．

〔又列女曹世叔妻班昭傳〕昭上疏曰．妾聞謙讓之風．德莫大焉．故典墳述美．神祇降福．昔夷齊去國．天下服其廉高．太伯違邠．孔子稱為三讓．所以光昭令德．揚名於後者也．論語曰．能以禮讓為國．於從政乎何有．由此言之．推讓之誠．其致遠矣．

〔風俗通十反篇〕司徒九江朱倀以年老為司隸虞詡所奏．耳目不聰明．見掾屬．大怒曰．顛而不扶．焉用彼相．君勞臣辱．何用為．於是東閣祭酒周舉曰．昔聖帝明王．莫不歷象日月星辰．以為鑑戒．熒惑比有變異．豈能手書密以上聞．倀曰．可自力也．舉為創草．倀手書密上．上覽倀表．嘉其忠謨．倀目數病。手能細書。詶案大臣。苟肆私意。詶坐上謝。佞蒙慰勞。謹案。論語。能以禮讓爲國乎。何有。夫子溫良恭儉讓以得之。傳曰。心苟不競。何憚於病。朱佞位極人臣。視事數年。訖無一言彌縫時闕。又佞年且九十。足以惛憒。義當自引以避賢路。就使有枉。欣以俟命耳。何乃發忿欲自提理。向遇中宗永平之政。救罪不暇。何慰勞之有。

子曰。不患無位。患所以立。

〔後漢書崔駰傳〕駰獻書誡竇憲曰。傳曰。生而富者驕。生而貴者傲。生富貴而能不驕傲者。未之有也。今寵祿初隆。百僚觀行。當堯舜之盛世。處光華之顯時。豈可不庶幾夙夜。以永衆譽。弘申伯之美。致周邵之事乎。語曰。不患無位。患所以立。

〔潛夫論忠貴篇〕孔子曰。不患無位。患己不立。是故人臣不奉遵禮法。竭精思職。推誠輔君。效功百姓。下自附於民氓。上承順於天心。而乃欲任其私知。竊君威德。以陵下民。反戾天地。欺誣神明。偷進苟得。以自奉厚。居累卵之危。而圖泰山之安。爲朝露之行。而思傳世之功。譬猶始皇之舍德任刑。而欲計一以至於萬也。豈不惑哉。

〔魏志文帝傳注引獻帝傳〕魏王令曰。世之所不足者。道義也。所有餘者。苟妄也。常人之性。賤所不足。貴所有餘。故曰。不患無位。患所以立。

子曰。參乎。吾道一以貫之。曾子曰。唯。子出。門人問曰。何謂也。曾子曰。夫子之道。忠恕而已矣。

〔風俗通過譽篇〕見卷六雍也篇中庸之爲德也章。〔八十六葉〕

子曰。見賢思齊焉。見不賢而內自省也。

〔說苑雜言篇〕昔者南瑕子過程太子。太子爲烹鯢魚。南瑕子曰。吾聞君子不食鯢魚。程太子曰。乃君子否。子何事焉。南瑕子曰。吾聞君子上比。所以廣德也。下比。所以狹行也。比於善。自進之階。比於惡。自退之原也。詩曰。高山仰止。景行行止。吾豈敢自以爲君子哉。志向之而已。孔子曰。見賢思齊焉。見不賢而內自省。

子曰。事父母幾諫。見志不從。又敬不違。勞而不怨。

〔白虎通諫諍篇〕子諫父。父不從。不得去者。父子一體而分。無相離之法。猶火去木而滅也。論語事父母幾諫。下言又敬不違。

子曰。古者言之不出。恥躬之不逮也。

〔鹽鐵論能言篇〕大夫曰。盲者口能言白黑。而無目以別之。儒者口能言治亂。無能以行之。夫坐言不行。則牧童兼烏獲之力。逢須苞堯舜之德。故使言而近。則儒者何患於治亂。而盲人何患於白黑哉。言之不出。恥躬之不逮。故卑而言高。能言而不能行者。君子恥之矣。

子曰。以約失之者鮮矣。

〔漢書外戚孝成許后傳〕成帝報后曰。且財帛之省。特牛之祠。其於皇后。所以扶助德美。爲華寵也。咎根不除。災變相襲。祖宗且不血食。何戴侯也。傳不云乎。以約失之者鮮。審皇后欲從其奢。與朕亦當法孝武皇帝也。如此。則甘泉建章可復興矣。

〔後漢書虞延傳〕富宗性奢靡。車服器物多不中節。延諫曰。昔晏嬰輔齊。鹿裘不完。季文子相魯。妾不衣帛。以約失之者鮮矣。

〔又王暢傳〕郡中豪族多以奢靡相尚。暢常布衣皮褥。車馬羸敗。以矯其敝。同郡劉表時年十七。從暢受學。進諫曰。夫奢不僭上。儉不逼下。循道行禮。貴處可否之間。蘧伯玉恥獨爲君子。府君不希孔聖之明訓。而慕夷齊之末操。無乃皎然自貴於世乎。暢曰。昔公儀休在魯。拔園葵去織婦。孫叔敖相楚。其子被裘刈薪。夫以約失之鮮矣。

〔桓範世要論節欲篇〕堯舜之居。土階三等。夏日衣葛。冬日鹿裘。禹卑宮室而菲飲食。此數帝者。非其情之不好。乃節儉之至也。故其所取民賦也薄。而使民力也寡。其育物也廣。而興利也厚。故家給人足。國積饒而羣生遂。仁義興而四海安。孔子曰。以約失之者鮮矣。

子曰。君子欲訥於言。而敏於行。

〔史記萬石張叔傳贊〕太史公曰。仲尼有言曰。君子欲訥於言而敏於行。其萬石建陵張叔之謂邪。是以其教不肅而成。不嚴而治。

子曰。德不孤。必有鄰。

〔漢書董仲舒傳〕仲舒對策曰。臣聞天之所大奉使之王者。必有非人力所能致而自至者。此受命之符也。天下之人同心歸之。若歸父母。故天瑞應誠而至。書曰。白魚入于王舟。有火復於王屋。流爲烏。此蓋受命之符也。周公曰。復哉。復哉。孔子曰。德不孤。必有鄰。皆積善累德之效也。

〔鹽鐵論論誹篇〕丞相史曰。檀柘而有鄉。萑葦而有藂。言物類之相從也。孔子曰。德不孤。必有鄰。故湯興而伊尹至。不仁者遠矣。未有明君在上而亂臣在下也。

〔說苑復恩篇〕孔子曰。德不孤。必有鄰。夫施德者貴不德。受德者尚必報。

論語古義卷四竟

論語古義卷五

長沙　楊樹達撰集

公冶長篇第五

子謂公冶長可妻也。雖在縲絏之中。非其罪也。以其子妻之。

〔史記仲尼弟子傳〕公冶長齊人。字子長。孔子曰長可妻也。雖在累紲之中。非其罪也。以其子妻之。

子謂南容。邦有道不廢。邦無道免於刑戮。以其兄之子妻之。

〔史記仲尼弟子傳〕見卷十四憲問篇南宮适問於孔子曰章。二百十八葉

子謂子賤。君子哉若人。魯無君子者。斯焉取斯。

〔史記仲尼弟子傳〕宓不齊字子賤。少孔子四十九歲。孔子謂子賤君子哉。魯無君子。斯焉取斯。子賤爲單父宰。反命於孔子。曰此國有賢不齊者五人。教不齊所以治者。孔子曰。惜乎不齊所治者小。所治者大。則庶幾矣。

〔說苑政理篇〕孔子弟子有孔蔑者。與宓子賤皆仕。孔子往過孔蔑。問之曰。自子之仕者。何得何亡。

孔蔑曰。自吾仕者。未有所得而有所亡者三。曰。王事若襲。學焉得習。以是學不得明也。所亡者一也。奉祿少。鬻鬻不足及親戚。親戚益疏矣。所亡者二也。公事多急。不得弔死視病。是以朋友益疏矣。所亡者三也。孔子不說。而復往見子賤。曰。自子之仕。何得何亡。子賤曰。自吾之仕。未有所亡。而所得者三。始誦之文。今履而行之。是學日益明也。所得者一也。奉祿雖少。鬻鬻得及親戚。是以親戚益親也。所得者二也。公事雖急。夜勤弔死視病。是以朋友益親也。所得者三也。孔子謂子賤曰。君子哉若人。君子哉若人。魯無君子也。斯焉取斯。

〔新序雜事篇二〕魯君使宓子賤爲單父宰。子賤辭去。因請借善書者二人。使書憲書敎品。魯君予之。至單父。使書子賤從旁引其肘。書醜則怒之。欲好書則又引之。書者患之。請辭而去。歸以告魯君。魯君曰。子賤苦吾擾之。不得施其善政也。乃命有司。無得擅徵發單父。單父之化大治。故孔子曰。君子哉子賤。魯無君子者。斯安取斯。美其德也。

〔白虎通號篇〕或稱君子者何。道德之稱也。君之爲言羣也。子者。丈夫之通稱也。故孝經曰。君子之敎以孝也。所以敬天下之爲人父者也。何以知其通稱也。以天子至於民。故詩云。愷悌君子。民之父

毋論語曰君子哉若人此謂弟子弟子者民也

子貢問曰賜也何如子曰女器也曰何器也曰瑚璉也

〔史記仲尼弟子傳〕見本卷下文子謂子貢曰章五十九葉

或曰雍也仁而不佞子曰焉用佞禦人以口給屢憎於人不知其仁焉用佞

〔論衡答佞篇〕或曰雍也仁而不佞孔子曰焉用佞禦人以口給屢憎於民誤設計數煩擾農商損下益上愁民說主損上益下忠臣之說也損下益上佞人之義也

子使漆雕開仕對曰吾斯之未能信子說

〔史記仲尼弟子傳〕漆雕開字子開孔子使開仕對曰吾斯之未能信孔子說

子曰道不行乘桴浮於海從我者其由與子路聞之喜子曰由也好勇過我無所取材

〔史記仲尼弟子傳〕見卷十三子路篇子路問政章百九十一葉

〔漢書地理志〕元菟樂浪武帝時置皆朝鮮濊貊句驪蠻夷殷道衰箕子去之朝鮮教其民以禮義

田蠶織作。樂浪朝鮮民犯禁八條。相殺。以當時償殺。相傷。以穀償。相盜者。男沒入爲其家奴。女子爲婢。欲自償者。人五十萬。雖免爲民。俗猶羞之。嫁取無所讎。是以其民終不相盜。無門戶之閉。婦人貞信不淫辟。其田民飲食以籩豆。都邑頗放效吏。及內郡賈人。往往以杯器食。郡初取吏於遼東。吏見民無閉藏。及賈人往者。夜則爲盜。俗稍益薄。今於犯禁寖多。至六十餘條。可貴哉。仁賢之化也。然東夷天性柔順。異於三方之外。故孔子悼道不行。設浮於海。欲居九夷。有以也。

〔說文解字四篇上羊部〕羌。西戎羊種也。从羊儿。羊亦聲。南方蠻閩从虫。北方狄从犬。東方貉从豸。西方羌从羊。此六種也。西南僰人焦僥。从人。蓋在坤地。頗有順理之性。唯東夷从大。大人也。夷俗仁。仁者壽。有君子不死之國。孔子曰。道不行。欲之九夷。乘桴浮於海。有以也。

孟武伯問子路仁乎。子曰。不知也。又問。子曰。由也。千乘之國。可使治其賦也。不知其仁也。

求也何如。子曰。求也。千室之邑。百乘之家。可使爲之宰也。不知其仁也。

赤也何如。子曰。赤也。束帶立於朝。可使與賓客言也。不知其仁也。

〔史記仲尼弟子傳〕見卷十三子路篇子路問政章。百九十一葉

〔史記仲尼弟子傳〕冉求字子有少孔子二十九歲爲季氏宰。季康子問孔子曰。冉求仁乎。曰千室之邑。百乘之家。求也可使治其賦。仁則吾不知也。復問子路仁乎。孔子對曰。如求。求問曰聞斯行諸。子曰行之。子路問聞斯行諸。子曰有父兄在。如之何其聞斯行之。子華怪之。敢問問同而答異。孔子曰。求也退。故進之。由也兼人。故退之。

〔漢書刑法志〕見卷十三子路篇以不敎民戰章。二百十四葉

子謂子貢曰。女與回也孰愈。對曰。賜也何敢望回。回也聞一以知十。賜也聞一以知二。子曰。弗如也。吾與女弗如也。

〔史記仲尼弟子傳〕端木賜衞人字子貢少孔子三十一歲。子貢利口巧辭。孔子常黜其辯。問曰。汝與回也孰愈。對曰。賜也何敢望回。回也聞一以知十。賜也聞一以知二。子貢旣已受業。問曰。賜何人也。孔子曰。汝器也。曰何器也。曰瑚璉也。陳子禽問子貢曰。仲尼焉學。子貢曰。文武之道。未墜於地。在人。賢者識其大者。不賢者識其小者。莫不有文武之道。夫子焉不學。而亦何常師之有。又問曰。孔子

適是國。必聞其政。求之歟。抑與之歟。子貢曰。夫子溫良恭儉讓以得之。夫子之求之也。其諸異乎人之求之也。子貢問曰。富而無驕。貧而無諂。何如。孔子曰。可也。不如貧而樂道。富而好禮。

[新序雜事篇二]昔者鄒忌以鼓琴見齊宣王。宣王善之。鄒忌曰。夫琴所以象政也。遂爲王言琴之象政狀及霸王之事。宣王大悅。與語三日。遂拜以爲相。齊有稷下先生。喜議政事。鄒忌既爲齊相。稷下先生淳于髡之屬七十二人皆輕忌。以謂設以辭。鄒忌不能及。乃相與俱往見鄒忌。淳于髡之徒禮倨。鄒忌之禮卑。淳于髡等曰。狐白之裘補之以弊羊皮。何如。鄒忌曰。敬諾。請不敢雜賢以不肖。淳于髡曰。方內而員釭。何如。鄒忌曰。敬諾。請謹門內。不敢留賓客。淳于髡等曰。三人共牧一羊。羊不得食。人亦不得息。何如。鄒忌曰。敬諾。減吏省員。使無擾民也。淳于髡等三稱，鄒忌三知之。如應響。淳于髡等辭屈而去。鄒忌之禮倨。淳于髡等之禮卑。故所以尙干將莫邪者。貴其立斷也。所以貴騏驥者。爲其立至也。必且歷日曠久乎。絲氂猶能挈石。駑馬亦能致遠。是以聰明捷敏。人之美材也。子貢曰。回也聞一以知十。美敏捷也。

[論衡問孔篇]子謂子貢曰。汝與回也孰愈。曰。賜也何敢望回。回也聞一以知十。賜也聞一以知二。

子曰。弗如也。吾與汝俱不如也。是賢顏淵。試以問子貢也。

〔中論治學篇〕賢者不能學於遠。乃學於近。故以聖人爲師。昔顏淵之學聖人也。聞一以知十。子貢聞一以知二。斯皆觸類而長之。篤思而聞之者也。

〔又智行篇〕仲尼問子貢曰。汝與回也孰愈。對曰。賜也何敢望回。回也聞一以知十。賜也聞一以知二。子貢之行不若顏淵遠矣。然而不服其行。服其聞一知十。由此觀之。盛才所以服人也。

〔魏志夏侯淵傳〕太祖下令曰。宋建造爲亂逆三十餘年。淵一舉滅之。虎步關右。所向無前。仲尼有言。吾與爾不如也。

宰予晝寢。子曰。朽木不可雕也。糞土之牆。不可杇也。於予與何誅。子曰。始吾於人也。聽其言而信其行。今吾於人也。聽其言而觀其行。於予與改是。

〔史記仲尼弟子傳〕見卷十七陽貨篇宰我問三年之喪章，二百八十九葉

〔漢書董仲舒傳〕仲舒對策曰。至周之末世。大爲亡道。以失天下。秦繼其後。獨不能改。又益甚之。重禁文學。不得挾書。棄捐禮誼。而惡聞之。其心欲盡滅先王之道。而顓爲自恣苟簡之治。故立爲天子

十四歲而國破亡矣。自古以來。未嘗有以亂濟亂。大敗天下之民如秦者也。其遺毒餘烈至今未滅。使習俗薄惡。人民嚚頑。抵冒殊扞。孰爛如此之甚者也。孔子曰。腐朽之木。不可雕也。糞土之牆。不可圬也。今漢繼秦之後。如朽木糞牆矣。雖欲善治之。亡可奈何。

〔鹽鐵論殊路篇〕大夫曰。孔子外變二三子之服。而不能革其心。故子路解長劍。去危冠。屈節於夫子之門。然攝齊師友。行行爾鄙心猶存。宰予晝寢。欲損三年之喪。孔子曰。糞土之牆。不可杇也。若由不得其死然。故內無其質而外學其文。雖有賢師良友。若畫脂鏤冰。費日損功。故良師不能飾戚施。香澤不能化嫫母也。

〔論衡問孔篇〕宰我晝寢。子曰。朽木不可彫也。糞土之牆不可杇也。於予予何誅。是惡宰予之晝寢。子曰。始吾於人也。聽其言而信其行。今吾於人也。聽其言而觀其行。於予予改是。蓋起宰予晝寢更知人之術也。

子曰。吾未見剛者。或對曰。申棖。子曰。棖也慾。焉得剛。

〔漢書蓋諸葛劉鄭孫毋將何傳〕贊曰。蓋寬饒爲司臣。正色立於朝。雖詩所謂國之司直。無以加也。

若桀王生之言以終其身斯近古之賢臣矣諸葛劉鄭雖云狂瞽有異志焉孔子曰吾未見剛者以數子之名迹然毋將汙於冀州孫寶橈於定陵況俗人乎何並之節亞尹翁歸云

子貢曰夫子之文章可得而聞也夫子之言性與天道不可得而聞也

〔漢書眭兩夏侯京翼李傳贊〕幽贊神明通合天人之道者莫著乎易春秋然子贛猶云夫子之文章可得而聞夫子之言性與天道不可得而聞已矣漢興推陰陽言災異者孝武時有董仲舒夏侯始昌昭宣則眭孟夏侯勝元成則京房翼奉劉向谷永哀平則李尋田終術此其納說時君著明者也察其所言彷彿一端假經設誼依託象類或不免乎億則屢中仲舒下吏夏侯囚執眭孟誅戮李尋流放此學者之大戒也京房區區不量淺深危言刺譏構怨彊臣罪辜不旋踵亦不密以失身悲夫

〔藝文類聚三十八引曹植學宮頌序〕自五帝典絕三王禮廢應期命世齊賢等聖者莫高於孔子也故有若曰出乎其類拔乎其萃誠所謂性與天道不可得而聞矣

子路有聞未之能行惟恐有聞

〔史記仲尼弟子傳〕見卷十三子路篇子路問政章。百九十一葉

子曰。晏平仲善與人交。久而敬之。

〔風俗通愆禮篇〕見卷八泰伯篇恭而無禮則勞章。百零七葉

〔後漢書朱穆傳論〕朱穆見比周傷義。偏黨毀俗。志抑朋游之私。遂著絶交之論。蔡邕以爲穆貞而孤。又作正交而廣其志焉。蓋孔子稱上交不諂。下交不瀆。又曰晏平仲善與人交。子夏之門人亦問交於子張。故易明斷金之義。詩載讌朋之謠。若夫文會輔仁。直諒多聞之友。時濟其益。紵衣傾蓋。彈冠結綬之夫。遂隆其好。斯固交者之方焉。至乃田竇衞霍之游客。廉頗翟公之門賓。進由勢合。退由衰異。又專諸荊卿之感激。侯生豫子之投身。情爲恩使。命緣義輕。皆以利害移心。懷德成節。非夫交照之本末可語失得之原也。穆徒以友分少全。因絶同志之求。黨俠生敝。而忘得朋之義。蔡氏貞孤之言。其爲然也。

〔魏志荀攸傳注引魏書〕見卷一學而篇子禽問於子貢章。七葉

子張問曰。令尹子文三仕爲令尹。無喜色。三已之。無慍色。舊令尹之政。必以告

新令尹。何如。子曰。忠矣。曰。仁矣乎。曰。未知。焉得仁。崔子弑齊君。陳文子有馬十乘。棄而違之。至於他邦。則曰。猶吾大夫崔子也。違之。之一邦。則又曰。猶吾大夫崔子也。違之。何如。子曰。清矣。曰。仁矣乎。曰。未知。焉得仁。

〔漢書古今人表〕見卷七述而篇若聖與仁章。一百零二葉

〔論衡問孔篇〕子張問令尹子文三仕爲令尹。無喜色。三巳之。無慍色。舊令尹之政。必以告新令尹。何如。子曰。忠矣。曰。仁矣乎。曰。未知。焉得仁。子文曾舉子玉代己位而伐宋。以百乘敗而喪其衆。不知如此。安得爲仁。

〔中論智行篇〕或曰。然則仲尼曰。未知。焉得仁。乃高仁耶。何謂也。對曰。仁固大也。然則仲尼此亦有所激。然非專小智之謂也。

季文子三思而後行。子聞之曰。再斯可矣。

〔吳志諸葛恪傳注引志林〕初權病篤。召恪輔政。臨去。大司馬呂岱戒之曰。世方多難。子每事必十思。恪答曰。昔季文子三思而後行。夫子曰。再思可矣。今君令恪十思。明恪之劣也。岱無以答。當時咸

謂之失言。

子曰。甯武子。邦有道則知。邦無道則愚。其知可及也。其愚不可及也。

〔牟子理惑論〕見卷十五衛靈公篇君子哉蘧伯玉章。二百三十八葉

子在陳。曰。歸與。歸與。吾黨之小子狂簡。斐然成章。不知所以裁之。

〔孟子盡心下篇〕萬章問曰。孔子在陳曰。盍歸乎來。吾黨之小子狂簡。進取不忘其初。孔子在陳。何思魯之狂士。孟子曰。孔子不得中道而與之。必也狂獧乎。狂者進取。獧者有所不爲也。孔子豈不欲中道哉。不可必得。故思其次也。敢問何如斯可謂狂矣。曰。如琴張曾晳牧皮者。孔子之所謂狂矣。何以謂之狂也。曰。其志嘐嘐然。曰。古之人。古之人。夷考其行而不掩焉者也。狂者又不可得。欲得不屑不潔之士而與之。是獧也。是又其次也。

〔史記孔子世家〕孔子居陳三歲。會晉楚爭彊。更伐陳。及吳侵陳。陳常被寇。孔子曰。歸與。歸與。吾黨之小子狂簡。進取不忘其初。於是孔子去陳。

〔又〕秋。季桓子病。輦而見魯城。喟然歎曰。昔此國幾興矣。以吾獲罪於孔子。故不興也。顧謂其嗣康

子曰。我卽死。若必相魯。相魯。必召仲尼。後數日。桓子卒。康子代立。已葬。欲召仲尼。公之魚曰。昔吾先君用之不終。爲諸侯笑。今又用之不能終。是再爲諸侯笑。康子曰。則誰召而可。曰。必召冉求。於是使使召冉求。冉求將行。孔子曰。魯人召求。非小用之。將大用之也。是日。孔子曰。歸乎歸乎。吾黨之小子狂簡。斐然成章。吾不知所以裁之。子貢知孔子思歸。送冉求。因誡曰。卽用。以孔子爲招云。

〔又儒林傳〕及高皇帝誅項籍。舉兵圍魯。魯中諸儒尙講習禮樂。弦歌之音不絕。豈非聖人之遺化好禮樂之國哉。故孔子在陳曰。歸與歸與。吾黨之小子狂簡。斐然成章。不知所以裁之。夫齊魯之閒於文學。自古以來。其天性也。

子曰。伯夷叔齊不念舊惡。怨是用希。

〔後漢書寇恂傳〕執金吾賈復在汝南。部將殺人於潁川。恂捕得繫獄。時尙草創。軍營犯法。率多相容。恂乃戮之於市。復以爲恥。還過潁州。謂左右曰。吾與寇恂並列將帥。而今爲其所陷。大丈夫豈有懷侵怨而不決之者乎。今見恂。必手劍之。恂知其謀。不欲與相見。谷崇曰。崇將也。得帶劍侍側。卒有變。足以相當。恂曰。不然。昔藺相如不畏秦王而屈於廉頗者。爲國也。區區之趙。尙有此義。吾安可以忘之乎。乃敕屬縣盛供具儲酒醪。執金吾軍入界。一人皆兼二人之饌。恂乃出迎於道。稱疾而還。賈復勒兵欲追之。而吏士皆醉。遂過去。恂遣谷崇以狀聞。帝乃徵恂。恂至。引見。時復先在坐。欲起相避。帝曰。天下未定。兩虎安得私鬭。今日朕分之。於是並坐極歡。遂共車同出。結友而去。論曰。傳稱喜怒以類者鮮矣。夫喜而不比。怒而思難者。其唯君子乎。子曰。伯夷叔齊不念舊惡。怨是用希。於寇公而見之矣。

顏淵季路侍。子曰。盍各言爾志。子路曰。願車馬衣輕裘與朋友共。敝之而無憾。

〔白虎通三綱六紀篇〕朋友者何謂也。朋者黨也。友者有也。禮記曰。同門曰朋。同志曰友。朋友之交。近則謗其言。遠則不相訕。一人有善。其心好之。一人有惡。其心痛之。貨則通而不計。共憂患而相救。生不屬。死不託。故論語曰。子路云。願車馬衣輕裘與朋友共敝之。又曰。朋友無所歸。生於我乎館。死於我乎殯。

〔風俗通愆禮篇〕太原郝子廉。饑不得食。寒不得衣。一介不取諸人。曾過姊飯。留十五錢。默置席下去。每行飲水。常投一錢井中。謹按易稱天地交萬物生。人道交功勳成。語。願車馬。衣輕裘。與朋友共。

斂之而無憾。士相見之禮。贄用腒雉。受而不拒。而交答焉。唯祭飯然後拜之。孔子食於施氏。未嘗不飽。何有同生之家而顧錢者哉。傷恩薄禮。弊之至也。

顏淵曰。願無伐善。無施勞。

〔後漢書皇甫嵩朱儁傳〕論曰。前史著平原華嶠稱其父光祿大夫表。每言其祖魏太尉歆稱時人。說皇甫嵩之不伐。汝豫之戰。歸功朱儁。張角之捷。本之於盧植。收名斂策。而己不有焉。蓋功名者。世之所甚重也。誠能不爭天下之所甚重。則怨禍不深矣。如皇甫公之赴履危亂。而能終以歸全者。其致不亦貴乎。故顏子願不伐善爲先。斯亦行身之要與。

子路曰。願聞子之志。子曰。老者安之。朋友信之。少者懷之。

〔韓詩外傳卷四〕昔者先王審理以惠天下。故德及天地。動無不當。夫君子恭而不難。敬而不鞏。貧窮而不約。富貴而不驕。應變而不窮。審之禮也。故君子於禮也。敬而安之。其於事也。經而不失。其於人也。寬裕寡怨而弗阿。其於儀也。脩飾而不危。其應變也。齊給便捷而不累。其於百官伎藝之人也。不與爭能而致用其功。其於天地萬物也。不說其所然。謹財其盛。其待上也。忠順而不解。其使下也。

均遍而不偏。其於交遊也。緣類而有義。其於鄉曲也。容而不亂。是故窮則有名。通則有功。仁義兼覆天下而不窮。明通天地理。萬變而不疑。血氣平和。志意廣大。行義塞天地。仁智之極也。夫是謂先王審之禮也。若是則老者安之。少者懷之。朋友信之。如赤子之歸慈母也。曰仁刑義立。教成愛深。禮樂交通故也。

〔又卷六〕夫服人之心。高上尊貴。不以驕人。聰明聖知。不以幽人。勇猛强武。不以侵人。齊給便捷。不以欺誣人。不能則學。不知則問。雖知必讓。然後爲知。遇君則脩臣下之義。出鄉則脩長幼之義。遇長老則脩弟子之義。遇等夷則脩朋友之義。遇少而賤者則脩告道寬裕之義。故無不愛也。無不敬也。無與人爭也。曠然而天地苞萬物也。如是則老者安之。少者懷之。朋友信之。

子曰。十室之邑。必有忠信如丘者焉。不如丘之好學也。

〔漢書武帝紀〕元朔元年詔曰。公卿大夫所使總方略。壹統類。廣教化。美風俗也。夫本仁祖義。襃德祿賢。勸善刑暴。五帝三王所繇昌也。朕夙興夜寐。嘉與宇內之士臻於斯路。故旅耆老。復孝敬。選豪俊。講文學。稽參政事。祈進民心。深詔執事。興廉舉孝。庶幾成風。紹休聖緒。夫十室之邑。必有忠信。三人並行。厥有我師。今或至闔郡而不薦一人。是化不下究。而積行之君子雍於上聞也。

〔又李尋傳〕尋對問曰。夫本彊則精神折衝。本弱則招殃致凶。爲邪謀所陵。聞往者淮南王作謀之時。其所難者獨有汲黯。公孫弘等不足言也。弘漢之名相。於今亡比。而尚見輕。何況亡弘之屬乎。故曰。朝廷亡人。則爲賊亂所輕。其道自然也。天下未聞陛下奇策固守之臣也。語曰。何以知朝廷之衰。人人自賢。不務於通人。故世陵夷。馬不伏櫪。不可以趨道。士不素養。不可以重國。詩曰。濟濟多士。文王以寧。孔子曰。十室之邑。必有忠信。非虛言也。

〔續漢書五行志六注引馬融集〕延光四年。融上書云。必得將兼有二長之才。無二短之累。參以吏事。任以兵法。有此數姿。然後能折衝厭難。致其功實。轉災爲福。孔子曰。十室之邑。必有忠信如丘者焉。以天下之大。四海之衆。云無若人。臣以爲誣矣。

論語古義卷五竟

論語古義卷六

長沙　楊樹達撰集

雍也篇第六

子曰。雍也。可使南面。仲弓問子桑伯子。子曰。可也。簡。仲弓曰。居敬而行簡以臨其民。不亦可乎。居簡而行簡。無乃太簡乎。子曰。雍之言然。

〔史記仲尼弟子傳〕孔子以仲弓爲有德行。曰。雍也可使南面。

〔說苑脩文篇〕孔子曰。可也簡。簡者。易野也。易野者。無禮文也。孔子見子桑伯子。子桑伯子不衣冠而處。弟子曰。夫子何爲見此人乎。曰。其質美而無文。吾欲說而文之。孔子去。子桑伯子門人不說。曰。何爲見孔子乎。曰。其質美而文繁。吾欲說而去其文。故曰。文質脩者謂之君子。有質而無文謂之易野。子桑伯子易野。欲同人道於牛馬。故仲弓曰太簡。上無明天子。下無賢方伯。天下爲無道。臣弑其君。子弑其父。力能討之。討之可也。當孔子之時。上無明天子也。故言雍也可使南面。南面者。天子也。雍之所以得稱南面者。問子桑伯子於孔子。孔子曰。可也簡。仲弓曰。居敬而行簡以道民。不亦可乎。

居簡而行簡無乃太簡乎子曰雍之言然仲弓通於化術孔子明於王道而無以加仲弓之言

哀公問弟子孰爲好學孔子對曰有顏回者好學不遷怒不貳過不幸短命死矣今也則亡未聞好學者也

〔史記仲尼弟子傳〕見卷十二顏淵篇顏淵問仁章百七十三葉

〔論衡問孔篇〕哀公問孔子孰爲好學孔子對曰有顏回者好學今也則亡不遷怒不貳過何也曰幷攻哀公之性遷怒貳過故也因其問則幷以對之兼以攻上之短不犯其罰

子華使於齊冉子爲其母請粟子曰與之釜請益曰與之庾冉子與之粟五秉子曰赤之適齊也乘肥馬衣輕裘吾聞之也君子周急不繼富

〔史記仲尼弟子傳〕公西赤字子華少孔子四十二歲子華使於齊冉有爲其母請粟孔子曰與之釜請益曰與之庾冉子與之粟五秉孔子曰赤之適齊也乘肥馬衣輕裘吾聞君子周急不繼富

子謂仲弓曰犂牛之子騂且角雖欲勿用山川其舍諸

〔史記仲尼弟子傳〕仲弓父賤人孔子曰犂牛之子騂且角雖欲勿用山川其舍諸

〔漢書樊酈滕灌傅靳周傳〕贊曰。仲尼稱犂牛之子騂且角。雖欲勿用。山川其舍諸。言士不繫於世類也。語曰。雖有茲基。不如逢時。信矣。樊噲夏侯嬰灌嬰之徒。方其鼓刀僕御販繒之時。豈自知附驥之尾。勒功帝籍。慶流子孫哉。

季氏使閔子騫爲費宰。閔子騫曰。善爲我辭焉。如有復我者。則吾必在汶上矣。

〔史記仲尼弟子傳〕閔損字子騫。不仕大夫。不食汙君之祿。如有復我者。必在汶上矣。

伯牛有疾。子問之。自牖執其手曰。亡之。命矣夫。斯人也而有斯疾也。斯人也而有斯疾也。

〔史記仲尼弟子傳〕冉耕字伯牛。孔子以爲有德行。伯牛有惡疾。孔子往問之。自牖執其手曰。命也夫。斯人也而有斯疾。命也夫。

〔漢書宣元六王傳〕成帝詔曰。楚王囂素行孝順仁慈。之國以來。二十餘年。纖介之過未嘗聞。朕甚嘉之。今乃遭命。離于惡疾。夫子所痛。曰。蔑之。命矣夫。斯人也而有斯疾也。朕甚閔焉。

〔白虎通壽命篇〕遭命者。逢世殘賊。若上逢亂君。下必災變暴至。天絕人命。沙鹿崩於受邑是也。冉伯牛危行正言而遭惡疾。孔子曰。命矣夫。斯人也而有斯疾也。斯人也而有斯疾也。

子曰。賢哉回也。一簞食。一瓢飲。在陋巷。人不堪其憂。回也不改其樂。賢哉回也。

〔史記仲尼弟子傳〕見卷十二顏淵篇顏淵問仁章。百七十三葉

〔鹽鐵論地廣篇〕文學曰。夫賤不害智。貧不妨行。顏淵屢空。不爲不賢。孔子不容。不爲不聖。必將以貌舉人。以才進士。則太公終身鼓刀。甯戚不離飯牛矣。古之君子。守道以立名。修身以俟時。不爲窮變節。不爲賤易志。惟仁之處。惟義之行。臨財不苟得。見利反義。不義而富。無名而貴。仁者不爲也。故曾參閔子不以其仁易晉楚之富。伯夷不以其行易諸侯之位。是以齊景公有馬千駟。而不能與之爭名。孔子曰。賢哉回也。一簞食。一瓢飲。在於陋巷。人不堪其憂。回也不改其樂。故惟仁者能處約樂貧。小人富斯暴。貧斯濫矣。

冉求曰。非不說子之道。力不足也。子曰。力不足者。中道而廢。今女畫。

〔後漢紀八明帝紀〕帝報桓榮書曰。夫五經之道。廣大非天下之至精。其孰能與於此。自宰予之徒。親事孔門。閑邪以度。猶尙怠懈晝寢。況於不才者乎。苟非其人。道不虛受。冉求曰。非不說子之道。力

不足者。

子謂子夏曰。女爲君子儒。無爲小人儒。

〔史記仲尼弟子傳〕見卷三八佾篇子夏問曰巧笑倩兮章。三十一葉

子游爲武城宰。子曰。女得人焉爾乎。曰。有澹臺滅明者。行不由徑。非公事。未嘗至於偃之室也。

〔史記仲尼弟子傳〕澹臺滅明。武城人。字子羽。狀貌甚惡。欲事孔子。孔子以爲材薄。既已受業。退而修行。行不由徑。非公事不見卿大夫。南游至江。從弟子三百人。設取予去就。名施乎諸侯。孔子聞之。曰。吾以言取人。失之宰予。以貌取人。失之子羽。

〔風俗通十反篇〕蜀郡太守潁川劉勝季陵去官在家。閉門卻掃。歲時致敬郡縣。答問而已。無所襃貶。雖自枝葉莫力太僕杜密周甫亦去北海相在家。每至郡縣。多所陳說。牋記括屬。太守王昱頗厭苦之。語次。聞得京師書。公卿舉故大臣。劉季陵高士也。當急見徵。密知以見激。因曰。明府在九重之內。臣吏惶畏天威。莫敢盡情。劉勝位故大夫。見禮上賓。俯伏甚於鼈蝟。冷濯比如寒蜒。無能往來。此

罪人也。淸雋就義。隱居篤學。時所不綜。而密達之。寃疑勳賢。成陳之罪所折。而密啓之。明府賞賢得中。令聞休揚。雖自天然之姿。猶有萬分之一。詩不云乎。雨我公田。遂及我私。人情所有。庶不爲闕。既不善是。多見譏論。夫何爲哉。於是昱甚悅服。待之彌厚。謹按。論語澹臺滅明非公事。未嘗至於偃之室也。君子思不出其位。孟軻亦以爲達則兼濟天下。窮則獨善其身。劉勝在約思純。其靜已甚。若時意宴。及言論折中。亦無嫌也。杜密婆娑府縣。干與王政。就若所云。猶有公私。既見譏切。不覺坐謝負。而多伐善以爲己力。惟顏之厚。博而俗矣。

子曰。誰能出不由戶。何莫由斯道也。

〔春秋繁露身之養重於義篇〕先王顯德以示民。民樂而歌之以爲詩。說而化之以爲俗。故不令而自行。不禁而自止。從上之意。不待使之。若自然矣。故曰。聖人天地動四時化者。非有他也。其見義大。故能動。動故能化。化故能大行。化大行。故法不犯。法不犯。故刑不用。刑不用。則堯舜之功德。此大治之道也。先聖傳授而復也。故孔子曰。誰能出不由戶。何莫由斯道也。

〔風俗通祀典篇〕謹案。黃帝書。上古之時。有荼與鬱壘昆弟二人。性能執鬼。度朔山上章桃樹下簡

閱百鬼無道理妄爲人禍害荼與鬱壘縛以葦索執以食虎於是縣官常以臘除夕飾桃人垂葦茭
畫虎於門皆追效於前事冀以衛凶也桃梗梗者更也歲終更始受介祉也戰國策齊語孟嘗君將
西入秦諫者千數而弗聽蘇秦欲止之曰臣之來也過於淄上有土偶人焉與桃梗相與語謂土偶
人曰子西岸之土也埏子以爲人至歲八月天霖雨淄水至則子殘矣曰不然吾西岸之土也殘則
復西岸耳今子東國桃木也削子以爲人降雨下淄水至洪子而汎汎將何如矣夫秦四塞之國譬
若虎口而入之則不知其可孟嘗乃止春秋左氏傳曰魯襄公朝楚會楚康王卒楚人使公親襚公
患之叔孫穆叔曰祓殯而襚則布帛也乃使巫以桃茢先祓殯楚人弗禁既而悔之古者日在北陸
而藏冰深山窮谷其藏之也黑牡秬黍以享司寒其出之也桃弧棘矢以除其災也葦茭傳曰萑葦
有藂呂氏春秋湯始得伊尹祓之於廟薰以萑葦周禮卿大夫之子名曰門子論語誰能出不由戶
故用葦者欲人子孫蕃殖不失其類有如萑葦茭者交易陰陽代興也虎者陽物百獸之長也能執
搏挫銳噬食鬼魅今人卒得惡遇燒悟虎皮飲之繫其爪亦能辟惡此其驗也

子曰質勝文則野文勝質則史文質彬彬然後君子

〔潛夫論交際篇〕見卷十鄉黨篇孔子於鄉黨章。百四十九葉

子曰。人之生也直。罔之生也幸而免。

〔漢紀六高后紀〕見卷十二顏淵篇司馬牛憂曰章。百七十七葉

〔論衡幸偶篇〕災氣加人。不幸遭觸而死。幸者免脫而生。不幸者。不徼幸也。孔子曰。人之生也直。罔之生也幸。則夫順道而觸者。爲不幸矣。

子曰。中人以上。可以語上也。中人以下。不可以語上也。

〔漢書古今人表序〕見卷七述而篇若聖與仁章。百零二葉

〔又東方朔傳〕朔非有先生論曰。先生曰。於戲。可乎哉。可乎哉。談何容易。夫談有悖於目。拂於耳。謬於心。而便於身者。或有說於目。順於耳。快於心。而毀於行者。非有明王聖主。孰能聽之。吳王曰。何爲其然也。中人以上。可以語上也。先生試言。寡人將聽焉。

〔論衡本性篇〕告子與孟子同時。其論性無善惡之分。譬之湍水。決之東則東。決之西則西。夫水無分於東西。猶人無分於善惡也。夫告子之言。謂人之性與水同也。使性若水。可以水喻性。猶金之爲

金木之爲木也。人善因善。惡亦因惡。初稟天然之姿。受純壹之質。故生而兆見。善惡可察。無分於善惡可推移者。謂中人也。不善不惡。須教成者也。故孔子曰。中人以上。可以語上也。中人以下。不可以語上也。告子之以決水喩者。徒謂中人。不指極善極惡也。

樊遲問知。子曰。務民之義。敬鬼神而遠之。可謂知矣。

〔漢紀卷二十四成帝紀〕匡衡奏議曰。凡天子祭天下名山大川。懷柔百神。咸秩無文。五嶽視三公。四瀆視諸侯。諸侯祭其疆內名山大川。大夫祭其門戶井竈中霤。是謂五祀。士庶人祭祖考而已。淫祀有禁。及季氏旅於泰山。仲尼譏之曰。務民之義。敬鬼神而遠之。先正正人事而已。不苟求福於神祇。不由其道。則神不饗也。

〔白虎通宗廟篇〕王者所以立宗廟。何。曰生死殊路。故敬鬼神而遠之。

〔潛夫論卜列篇〕聖人甚重卜筮。然不疑之事。亦不問也。甚敬祭祀。非禮之祈。亦不爲也。故曰。聖人不煩卜筮。敬鬼神而遠之。

問仁。曰。仁者先難而後獲。可謂仁矣。

〔春秋繁露仁義法篇〕見卷十三衛靈公篇子曰庶矣哉節。二百零二葉

子曰。知者樂水。

〔韓詩外傳卷三〕問者曰。夫智者何以樂於水也。曰。夫水者緣理而行。不遺小間。似有智者。動而下之。似有禮者。蹈深不疑。似有勇者。障防而淸。似知命者。歷險致遠。卒成不毀。似有德者。天地以成。羣物以生。國家以寧。萬事以平。品物以正。此智者所以樂於水也。詩曰。思樂泮水。薄采其茆。魯侯戾止。在泮飲酒。樂水之謂也。

仁者樂山。

〔韓詩外傳卷三〕問者曰。夫仁者何以樂於山也。曰。夫山者萬民之所瞻仰也。草木生焉。萬物植焉。飛鳥集焉。走獸休焉。四方益取與焉。出雲道風。從乎天地之間。天地以成。國家以寧。此仁者所以樂於山也。詩曰。太山巖巖。魯邦所瞻。樂山之謂也。

知者動。仁者靜。知者樂。仁者壽。

〔論衡驗符篇〕芝草延年。仙者所食。往世生出。不過一二。今幷前後凡十一本。多獲壽考之徵。生育

松喬之糧也。孔子曰。知者樂。仁者壽。皇帝聖人。故芝草壽徵生。

〔申鑒俗嫌篇〕或問。仁者壽。何謂也。曰。仁者內不傷性。外不傷物。上不違天。下不違人。處正居中。形神以和。故咎徵不至。而休嘉集之。壽之術也。曰。顏冉何。曰。命也。麥不終夏。花不濟春。如和氣何。雖云其短長。亦在其中矣。

〔中論夭壽篇〕或問。孔子稱仁者壽。而顏淵早夭。積善之家。必有餘慶。而比干子胥身陷大禍。豈聖人之言不信。而欺人耶。故司空潁川荀爽論之。以爲形體者。人之精魄也。德義令聞者。精魄之榮華也。形體固自朽弊消亡之物。壽與不壽。不過數十歲。德義立與不立。差數千歲。豈可同日言也哉。顏淵時有百年之人。今寧復知其姓名耶。詩云。萬有千歲。眉壽無有害。人豈有萬壽千歲者。皆令德之謂也。由此觀之。仁者壽。豈不信哉。北海孫翺以爲。死生有命。非他人之所致也。若積善有慶。行仁得壽。乃教化之義。誘人而納於善之理也。若曰積善不得報。行仁者凶。則愚惑之民。將走於惡以反天常。故曰。民可使由之。不可使知之。幹以爲二論。皆非其理也。夫壽有三。有王澤之壽。有聲聞之壽。有行仁之壽。書曰。五福。一曰壽。此王澤之壽也。詩云。其德不爽。壽考不忘。此聲聞之壽也。孔子曰。仁者壽。此行仁之壽也。孔子云爾者。以仁者利養萬物。萬物亦受利矣。故必壽也。自堯至於武王。自稷至於周召。皆仁人也。君臣之數。不爲少矣。考其年壽。不爲夭矣。斯非仁者壽之驗耶。又七十子豈殘酷者哉。顧其仁有優劣耳。其夭者惟顏回。據一顏回而多疑其餘。無異以一鉤之金。權於一車之羽。云金輕於羽也。

子曰。齊一變。至於魯。魯一變。至於道。

〔漢書地理志〕魯地奎婁之分野也。周興以少昊之虛曲阜封周公子伯禽爲魯侯。以爲周公主。其民有聖人之教化。故孔子曰。齊一變至於魯。魯一變至於道。言近正也。瀕洙泗之水。其民涉度。幼者扶老而代其任。

子曰。觚不觚。觚哉。觚哉。

〔鹽鐵論殊路篇〕文學曰。西子蒙以不潔。鄙夫掩鼻。惡人盛飾。可以宗祀上帝。使二人不涉聖人之門。不免爲窮夫。安得卿大夫之名。故砥所以致於刃。學所以盡其才也。孔子曰。觚不觚。觚哉觚哉。故人事加則爲宗廟器。否則斯養之爨才。干越之鋌不厲。匹夫賤之。工人施巧。人主服而朝也。

子曰君子博學於文約之以禮亦可以弗畔矣夫

〔漢紀二十五成帝紀〕荀悅論曰及至末俗異端並生諸子造誼以亂大倫於是微言絕羣議謬焉故仲尼畏而憂之詠歎斯文是聖人篤文之至也若乃季路之言何必讀書然後爲學棘子成曰君子質而已矣何以文爲夫潛地窟者而不覩天明守冬株者而不識夏榮非通照之術也然博覽之家不知其穢兼而善之是大田之莠與苗並興則良農之所悼也質樸之士不擇其美兼而棄之是崑山之玉與石俱捐則卞和之所痛也故孔子曰博學於文約之以禮亦可以弗畔矣夫

〔後漢書范升傳〕升奏曰孔子曰博學約之弗叛矣夫夫學而不約必叛道也顏淵曰博我以文約我以禮孔子可謂知教顏可謂善學矣

子見南子子路不說夫子矢之曰予所否者天厭之天厭之

〔史記孔子世家〕月餘反乎衛主蘧伯玉家靈公夫人有南子者使人謂孔子曰四方之君子不辱欲與寡君爲兄弟者必見寡小君寡小君願見孔子孔子辭謝不得已而見之夫人在絺帷中孔子入門北面稽首夫人自帷中再拜環珮玉聲璆然孔子曰吾鄉爲弗見見之禮答焉子路不說孔子矢之

曰。予所不者。天厭之。天厭之。

〔論衡問孔篇〕孔子見南子。子路不悅。子曰。予所鄙者。天厭之。天厭之。南子。衛靈公夫人也。聘孔子。子路不說。謂孔子淫亂也。孔子解之曰。我所爲鄙陋者。天厭殺我。至誠自誓。不負子路也。

子曰。中庸之爲德也。其至矣乎。民鮮久矣。

〔風俗通過譽篇〕孔子稱大哉中庸之爲德。其至已乎。又曰。君子之道。忠恕而已。至於訐以爲直。隱以爲義。枉以爲厚。僞以爲名。此衆人之所致譽。而明主之所必討。蓋觀過知仁。謂中心篤誠而無妨於化者。故覆其違理曰過譽也。

子貢曰。如有博施於民而能濟衆。何如。可謂仁乎。子曰。何事於仁。必也聖乎。堯舜其猶病諸。

〔漢書古今人表〕見卷七述而篇若聖與仁章。百零二葉

〔白虎通聖人篇〕何以知帝王聖人也。易曰。古者伏羲氏之王天下也。於是始作八卦。又曰。伏羲氏歿。神農氏作。神農氏歿。黃帝堯舜氏作。文俱言作。明皆聖人也。論語曰。聖乎。堯舜其猶病諸。

〔魏志鍾繇傳〕繇上疏曰。今天下人少於孝文之世。下計所全歲三千人。張蒼除肉刑。所殺歲以萬計。臣欲復肉刑。歲生三千人。子貢問能濟民可謂仁。子曰。何事於仁。必也聖乎。堯舜其猶病諸。又曰。仁遠乎哉。我欲仁。斯仁至矣。若誠行之。斯民永濟。

論語古義卷六竟

論語古義卷七

長沙 楊樹達撰集

述而篇第七

子曰。述而不作。信而好古。竊比於我老彭。

〔漢書儒林傳〕周道既衰。壞於幽厲。禮樂征伐自諸侯出。陵夷二百餘年而孔子興。以聖德遭季世。知言之不用而道不行。於是敘書則斷堯典。稱樂則法韶舞。論詩則首周南。綴周之禮。因魯春秋。舉十二公行事。繩之以文武之道。成一王法。至獲麟而止。蓋晚而好易。讀之韋編三絕而爲之傳。皆因近聖之事。以立先王之教。故曰述而不作。信而好古。下學而上達。知我者其天乎。

〔後漢書徐防傳〕防上疏曰。孔聖既遠。微旨將絕。故立博士十有四家。設甲乙之科。以勸勉學者。所以示人好惡。改敝就善者也。伏見太學試博士弟子。皆以意說。不修家法。私相容隱。開生姦路。每有策試。輒興諍訟。論議紛錯。互相是非。孔子稱述而不作。又曰吾猶及史之闕文。疾史有所不知而不肯闕也。

子曰德之不修學之不講聞義不能徙不善不能改是吾憂也

〔後漢書章帝紀〕詔曰蓋三代導人敎學爲本漢承暴秦褒顯儒術建立五經爲置博士其後學者精進雖曰承師亦別名家孝宣皇帝以爲去聖久遠學不厭博故遂立大小夏侯尙書後又立京氏易至建武中復置顏氏嚴氏春秋大小戴禮博士此皆所以扶進微學尊廣道藝也中元元年詔書五經章句煩多議欲減省至永平元年長水校尉儵奏言先帝大業當以時施行欲使諸儒共正經義頗令學者得以自助子曰學之不講是吾憂也又曰博學而篤志切問而近思仁在其中矣

〔又獻帝紀〕九月甲午試儒生四十餘人上第賜位郎中次太子舍人下第者罷之詔曰孔子歎學之不講不講則所識日忘今耆儒年踰六十去離本土營求糧資不得專業結童入學白首空歸長委農野永絕榮望朕甚愍焉其依科罷者聽爲太子舍人

〔又魯恭傳〕恭再在公位選辟高第至列卿郡守者數十人而其耆舊大姓或不蒙薦舉至有怨望者恭聞之曰學之不講是吾憂也諸生不有鄉舉者乎終無所言

子曰志於道據於德依於仁游於藝

〔中論藝紀篇〕事者有司之職也。道者君子之業也。先王之賤藝者。蓋賤有司也。君子兼之則貴也。故孔子曰。志於道。據於德。依於仁。游於藝。

子食於有喪者之側。未嘗飽也。子於是日哭則不歌。

〔鹽鐵論散不足篇〕賢良曰。古者鄰有喪。舂不相杵。巷不歌謠。孔子食於有喪者之側。未嘗飽也。子於是日哭則不歌。今俗因人之喪以求酒肉。幸與小坐而責辦。歌舞俳優。連笑伎戲。

〔白虎通喪服篇〕凶服不敢入公門者。明尊朝廷。吉凶不相干。故周官曰。凶服不入公門。曲禮曰。居喪不言樂。祭事不言凶。公庭不言婦女。論語曰。子於是日哭則不歌。

〔論衡感類篇〕雷為天怒。雨為恩施。使天為周公怒。徒當雷。不當雨。今雨俱至。天怒且喜乎。子於是日也哭則不歌。周禮子卯稷食菜羹。哀樂不並行。哀樂不並行。喜怒反並至乎。

子謂顏淵曰。用之則行。舍之則藏。惟我與爾有是夫。

〔新語慎微篇〕夫大道履之而行。則無不能。故謂之道。孔子曰。道之不行也。言人不能行之。故謂顏淵曰。用之則行。舍之則藏。唯我與爾有是夫。言顏淵道施於世而莫之用。

〔史記仲尼弟子傳〕見卷十二顏淵篇顏淵問仁章。百七十三葉

子路曰。子行三軍。則誰與。子曰。暴虎馮河。死而無悔者。吾不與也。必也。臨事而懼。好謀而成者也。

〔白虎通三軍篇〕國必三軍。何所以戒非常。伐無道。尊宗廟。重社稷。安不忘危也。何以言有三軍也。論語曰。子行三軍。則誰與。

子曰。富而可求也。雖執鞭之士。吾亦爲之。如不可求。從吾所好。

〔韓詩外傳卷一〕王子比干殺身以成其忠。柳下惠殺身以成其信。伯夷叔齊殺身以成其廉。此三子者。皆天下之通士也。豈不愛其身哉。爲夫義之不立。名之不顯。則士恥之。故殺身以遂其行。由是觀之。卑賤貧窮。非士之恥也。天下舉忠而士不與焉。舉信而士不與焉。舉廉而士不與焉。三者存乎身。名傳於世。與日月並而不息。天不能殺。地不能生。當桀紂之世。不之能汚也。然則非惡生而樂死也。非惡富貴而好貧賤也。由其理。尊貴及己而仕也。不辭也。孔子曰。富而可求。雖執鞭之士。吾亦爲之。故阨窮而不憫。勞辱而不苟。然後能有致也。（說苑立節篇文同）

〔史記伯夷傳〕見卷十五衛靈公篇道不同章。二百五十八葉

〔鹽鐵論貧富篇〕文學曰。孔子云。富而可求。雖執鞭之事。吾亦爲之。如不可求。從吾所好。君子求義。非苟富也。故刺子貢不受命而貨殖焉。君子遭時則富且貴。不遇。退而樂道。不以利累己。故不違義而妄取。隱居修節。不欲妨行。故不毀名而趨勢。雖付之以韓魏之家。非其志。則不居也。富貴不能榮。毀謗不能傷也。

子在齊聞韶。三月不知肉味。曰。不圖爲樂之至於斯也。

〔史記孔子世家〕頃之。魯亂。孔子適齊。爲高昭子家臣。欲以通乎景公。與齊太師語樂。聞韶音。學之。三月不知肉味。齊人稱之。

〔漢書禮樂志〕夫樂本情性。浹肌膚而臧骨髓。雖經乎千載。其遺風餘烈。尚猶不絕。至春秋時。陳公子完犇齊。陳舜之後。韶樂存焉。故孔子適齊聞韶。三月不知肉味。曰。不圖爲樂之至於斯美之甚也。

〔說苑修文篇〕孔子至齊郭門之外。遇一嬰兒挈一壺。相與俱行。其視精。其心正。其行端。孔子謂御曰。趣驅之。趣驅之。韶樂方作。孔子至彼聞韶。三月不知肉味。故樂非獨以自樂也。又以樂人。非獨以

自正也。又以正人、大矣哉。於此樂者。不圖爲樂之至於此。

〔阮籍樂論〕故孔子在齊聞韶。三月不知肉味。言至樂使人無欲。心平氣定。不以肉爲滋味也。

冉有曰。夫子爲衛君乎。子貢曰。諾。吾將問之。入曰。伯夷叔齊何人也。曰。古之賢人也。曰。怨乎。曰。求仁而得仁。又何怨。

〔牟子理惑論〕牟子曰。觀三代之遺風。覽乎儒墨之道術。誦詩書。修禮節。崇仁義。視淸潔。鄉人傳業。名譽洋溢。此中士所施行。恬淡者所不恤。故前有隋珠。後有虓虎。見之走而不敢取。何也。先其命而後其利也。許由栖巢木。夷齊餓首陽。孔聖稱其賢曰。求仁得仁者也。

子曰。飯疏食飲水。曲肱而枕之。樂亦在其中矣。不義而富且貴。於我如浮雲。

〔史記蔡澤傳〕語曰。日中則移。月滿則虧。物盛則衰。天地之常數也。進退盈縮。與時變化。聖人之常道也。故國有道則仕。國無道則隱。聖人曰。飛龍在天。利見大人。不義而富且貴。於我如浮雲。

〔新語本行篇〕夫酒池可以泛舟。糟丘可以望遠。豈貧於財哉。統四海之權。主九州之衆。豈弱於力哉。然功不能自存威、不能自守。非爲貧弱。乃道德不存乎身。仁義不加於天下也。故察於財而昏於道者。衆之所謀也。果於力而寡於義者。兵之所圖也。故君子篤於義而薄於利。敏於事而愼於言。所以口口功德也。故曰。不義而富且貴。於我如浮雲。

〔列女傳續傳〕梁鴻妻者。右扶風梁伯淯之妻。同郡孟氏之女也。其姿貌甚醜。而德行甚修。鄉里多求者。而女輒不肯行。年三十。父母問其所欲。對曰。欲節操如梁鴻者。時鴻未娶。扶風世家多願妻者。亦不許。聞孟氏女賢。遂求納之。孟氏盛飾入門。七日而禮不成。妻跪問曰。竊問夫子高義。斥數妻妾。亦偃蹇數夫。今來而見擇。請問其故。鴻曰。吾欲得衣裘褐之人。與共遁世避時。今若衣綺繡。傅黛墨。非鴻所願也。妻曰。竊恐夫子不堪。妾幸有隱居之具矣。乃更麤衣。椎髻而前。鴻喜曰。如此者誠鴻妻也。字之曰德曜。名孟光。自名曰運期。字俟光。共遯逃霸陵山中。此時王莽新敗之後也。鴻與妻深隱。耕耘織作。以供衣食。誦書彈琴。忘富貴之樂。後復相將至會稽。賃舂爲事。雖雜庸保之中。妻每進食。舉案齊眉。不敢正視。以禮修身。所在敬而慕之。君子謂梁鴻妻好道安貧。不汲汲於榮樂。論語曰。不義而富且貴。於我如浮雲。此之謂也。

〔羣書治要引杜恕體論臣篇〕是以古之全其道者。進則正。退則曲。正則與世樂其業。曲則全身歸於道。不傲世以華衆。不立高以爲名。不爲苟得以偷安。不爲苟免而無恥。夫修之於鄉閭。壞之於朝廷。可惜也。修之於已立。壞之於闔棺。可惜也。君子惜茲二者。是以有殺身以成仁。無求生以害仁。況害仁以求寵乎。故孔子曰。不義而富且貴。於我如浮雲。

子曰。加我數年。五十以學易。可以無大過矣。

〔史記孔子世家〕孔子晚而喜易。序彖繫象說卦文言。讀易韋編三絕。曰。假我數年。若是。我於易則彬彬矣。

〔風俗通窮通篇〕太傅汝南陳蕃仲舉。去光祿勳。還到臨潁巨陵亭。從者擊亭卒數下。亭長閉門收其諸生人客。皆厭毒痛。欲復收蕃。蕃曰。我故大臣。有罪州郡。尙當先請。今約勑兒客無素。幸皆坐之。何謂乃欲相及。相守數時。會行亭掾至。因乃得免。時令范伯弟亦卽殺其亭長。蕃本召陵。父梁父令。別仕平輿。其祖河東太守。冢在召陵。歲時往祠。以先人所出。重難解亭。止諸冢舍。時令劉子興亦本凡庸。不肯出候。股肱爭之。爾乃會其冢上。蕃持板迎之。長跪令徐乃下車。卽坐。不命去板。辭意又不謙恪。蕃深忿之。令去。顧謂賓客。平輿老夫。何欲召陵令哉。不但爲諸冢故耶。而爲小豎子所慢。孔子

曰假我數年乎其明年桓帝赫然誅五侯鄧氏海內望風草偃子輿以臟疾見彈埋於當世矣蕃起於家爲尙書僕射大中大夫太尉

子不語怪力亂神

〔漢書郊祀志下〕成帝末年頗好鬼神谷永說上曰臣聞明於天地之性不可惑以神怪知萬物之情不可罔以非類諸背仁義之正道不遵五經之法言而盛稱奇怪鬼神廣崇祭祀之方求報無福之祠夫周秦之末三五之隆已嘗專意散財厚爵祿竦精神舉天下以求之矣曠日經年靡有毫釐之驗足以揆今經曰享多儀儀不及物惟曰不享論語說曰子不語怪神唯陛下距絕此類毋令姦人有以窺朝者

〔漢書張禹傳〕見卷九子罕篇子罕言利章百二十九葉

〔風俗通怪神篇〕傳曰神者申也怪者疑也孔子稱土之怪爲墳羊論語子不語怪力亂神

子曰三人行必有我師焉擇其善者而從之其不善者而改之

〔潛夫論德化篇〕身處汚而放情怠民事而急酒樂近頑童而遠賢才親諂諛而疎正直重賦稅以

賞無功妄加喜怒以傷無辜故能亂其政以敗其民斃其身以喪其國者幽厲是也孔子曰三人行必有我師焉擇其善者而從之其不善者我則改之

子曰天生德於予桓魋其如予何

〔史記孔子世家〕孔子去曹適宋與弟子習禮大樹下宋司馬桓魋欲殺孔子拔其樹孔子去弟子曰可以速矣孔子曰天生德於予桓魋其如予何

子曰聖人吾不得而見之矣得見君子者斯可矣善人吾不得而見之矣得見有恆者斯可矣

〔春秋繁露深察名號篇〕性有善端動之愛父母善於禽獸則謂之善此孟子之善循三綱五紀通八端之理忠信而博愛敦厚而好禮乃可謂善此聖人之善也是故孔子曰善人吾不得而見之得見有常者斯可矣由是觀之聖人之所謂善未易當也非善於禽獸則謂之善也使動其端善於禽獸則可謂之善善奚爲弗見也

〔又實性篇〕聖人之所名天下以爲正今按聖人言中本無性善名而有善人吾不得見之矣使萬

民之性皆已能善善人者何爲不見也觀孔子言此之意以爲善甚難當而孟子以爲萬民性皆能當之過矣

亡而爲有虛而爲盈約而爲泰難乎有恆矣

〔後漢書殤帝紀〕尙敏陳興廣學校疏云傳曰王者之臣其實師也言其道德可師也今百官伐閱皆以通經爲名無一人能稱孔子曰無而爲有虛而爲盈難乎有恆矣

子曰蓋有不知而作之者我無是也多聞擇其善者而從之多見而識之知之次也

〔白虎通禮樂篇〕問曰異說並行則弟子疑焉孔子有言吾聞擇其善者而從之多見而識之也知之次也文武之道未墜於地天之將喪斯文也樂亦在其中矣聖人之道猶有文質所以擬其說述所聞者亦各傳其所受而已

〔漢書溝洫志贊〕古人有言微禹之功吾其魚乎中國川原以百數莫著於四瀆而河爲宗孔子曰多聞而志之知之次也國之利害故備論其事

子曰。仁遠乎哉。我欲仁。斯仁至矣。

〔漢書杜欽傳〕欽上對云。宋景公小國之諸侯耳。有不忍移禍之誠。出人君之言三。熒惑爲之退舍。以陛下聖明。內推至誠。深思天變。何應而不感。何搖而不動。孔子曰。仁遠乎哉。

〔後漢書列女傳〕班昭撰女誡云。女有四行。一曰婦德。二曰婦言。三曰婦容。四曰婦功。此四者。女人之大德。而不可乏之者也。然爲之甚易。唯在存心耳。古人有言。仁遠乎哉。我欲仁。而仁斯至矣。此之謂也。

〔潛夫論交際篇〕夫是四行者。其輕如毛。其重如山。君子以爲易。小人以爲難。孔子曰。仁遠乎哉。我欲仁。斯仁至矣。又稱知德者尠。俗之偏黨。自古而然。非乃今也。

〔魏志鍾繇傳〕見卷六雍也篇如有博施於民章。八十七葉

陳司敗問。昭公知禮乎。孔子曰。知禮。孔子退。揖巫馬期而進之曰。吾聞君子不黨。君子亦黨乎。君取於吳爲同姓。謂之吳孟子。君而知禮。孰不知禮。巫馬期以告。子曰。丘也幸。苟有過。人必知之。

〔史記仲尼弟子傳〕巫馬施。字子旗。陳司敗問孔子曰。魯昭公知禮乎。孔子曰。知禮。退而揖巫馬旗曰。吾聞君子不黨。君子亦黨乎。魯君娶吳女爲夫人。命之爲孟子。孟子姓姬。諱稱同姓。故謂之孟子。魯君而知禮。孰不知禮。施以告孔子。孔子曰。丘也幸。苟有過。人必知之。臣不可言君親之惡。爲諱者。禮也。

〔白虎通諫諍篇〕人臣之義。當掩惡揚美。所以記君過何。各有所緣也。掩惡者。謂廣德宣禮之臣。所以爲君隱惡。何君至尊。故設輔弼。置諫官。本不當有遺失。故論語曰。陳司敗問昭公知禮乎。孔子曰。知禮。此爲君隱也。

〔又嫁娶篇〕不娶同姓者。重人倫。防淫佚。恥與禽獸同也。論語曰。君娶於吳。爲同姓。謂之吳孟子。曲禮曰。買妾不知姓。則卜之。外屬小功已上。亦不得娶也。故春秋傳曰。譏娶母黨也。

〔應劭風俗通義序〕昔爲齊王畫者。王問畫孰最難。孰最易。曰。犬馬最難。鬼魅最易。犬馬旦暮在人之前。不類不可類之。故難。鬼魅無形。無形者不見。故易。今俗語雖云浮淺。然賢愚所共咨論。有似犬馬。其爲難矣。幷綜事宜。於今者孔子稱幸。苟有過。人必知之。俾諸明哲幸詳覽焉。

子曰若聖與仁則吾豈敢抑爲之不厭誨人不倦則可謂云爾已矣公西華曰正唯弟子不能學也

〔漢書古今人表〕孔子曰若聖與仁則吾豈敢又曰何事於仁必也聖乎未知焉得仁生而知之者上也學而知之者次也困而學之又其次也困而不學民斯爲下矣又曰中人以上可以語上也唯上智與下愚不移傳曰譬如堯舜禹稷卨與之爲善則行鯀驩兜欲與爲惡則誅可與爲善不可與爲惡是謂上智桀紂龍逢比干欲與之爲善則誅干莘崇侯與之爲惡則行可與爲惡不可與爲善是謂下愚齊桓公管仲相之則霸豎貂輔之則亂可與爲善可與爲惡是謂中人

子疾病子路請禱子曰有諸子路對曰有之誄曰禱爾于上下神祇子曰丘之禱久矣

〔論衡感虛篇〕孔子疾病子路請禱孔子曰有諸子路曰有之誄曰禱爾于上下神祇孔子曰丘之禱久矣聖人修身正行素禱之日久天地鬼神知其無罪故曰禱久矣

〔潛夫論巫列篇〕巫史祈祝者蓋所以交鬼神而救細微爾至於大命末如之何譬民人之請謁於

吏矣。可以解微過。不能脫正罪。設有人於此。晝夜慢侮君父之敎。干犯先王之禁。不克己心思改過口善。而苟驟發請謁以求解免。必不幾矣。不若修己小心畏愼。無犯上之必令也。故孔子不聽子路而云丘之禱久矣。

子曰。奢則不孫。儉則固。與其不孫也。寧固。

〔漢書董仲舒傳〕仲舒對策云。臣聞制度文采玄黃之飾。所以明尊卑異貴賤。而勸有德也。故春秋受命所先制者。改正朔。易服色。所以應天也。然則宮室旌旗之制。有法而然者也。故孔子曰。奢則不遜。儉則固。儉非聖人之中制也。

〔說苑權謀篇〕孝宣皇帝之時。霍氏奢靡。茂陵徐先生曰。霍氏必亡。夫在人之右而奢。亡之道也。孔子曰。奢則不遜。夫不遜者必侮上。侮上者。逆之道也。出人之右。人必害之。今霍氏秉權。天下之人疾害之者多矣。夫天下害之。而又以逆道行之。不亡何待。

〔後漢書馬融傳〕融上廣成頌云。臣聞孔子曰。奢則不遜。儉則固。奢儉之中。以禮爲界。是以蟋蟀山樞之人。並刺國君。諷以太康馳驅之節。夫樂而不荒。憂而不困。先王所以平和府藏。頤養精神。致之無彊。故戛擊鳴球。載於虞謨。吉日車攻。序於周詩。聖主賢君。以增盛美。豈徒爲奢淫而已哉。

子溫而厲。威而不猛。恭而安。

〔吳志步騭傳〕見卷九子罕篇夫子循循然善誘人章。百三十六葉

論語古義卷七竟

論語古義卷八

長沙 楊樹達撰集

泰伯篇第八

子曰，泰伯其可謂至德也已矣。三以天下讓，民無得而稱焉。

〔史記吳太伯世家贊〕太史公曰，孔子言太伯可謂至德矣。三以天下讓，民無得而稱焉。余讀春秋古文，乃知中國之虞與荆蠻句吳兄弟也。延陵季子之仁心慕義無窮，見微而知清濁。嗚呼，又何其閎覽博物君子也。

〔漢書地理志〕殷道既衰，周大王亶父興郊梁之地。長子大伯，次曰仲雍，少曰公季。公季有聖子昌，大王欲傳國焉。大伯仲雍辭行采藥，遂奔荆蠻。公季嗣位，至昌爲西伯，受命而王。故孔子美而稱曰，大伯可謂至德也已矣。三以天下讓，民無得而稱焉。謂虞仲夷逸隱居放言，身中清，廢中權。

〔後漢書桓榮丁鴻傳論〕孔子曰，泰伯三以天下讓，民無德而稱焉。孟子曰，聞伯夷之風者，貪夫廉，懦夫有立志。若乃泰伯以天下而違周，伯夷率絜情以去國，並未始有其讓也。故泰伯稱至德，伯夷稱賢人。後世聞其讓而慕其風。徇其名而昧其致。所以激詭行生而取與妄矣。

〔風俗通過譽篇〕汝南戴幼起三年服竟。讓財與兄。將妻子出客舍中住。官池田以耕種。爲上計史。獨車載衣資。表汝南太守上計史戴紹車。後舉孝廉。爲陝令。謹按禮有東宮西宮。辟子之私。不足則資。有餘亦歸之於宗也。此言兄弟無離異之義也。凡讓財者類與弟子。弟倘幼。恩情注。希有與兄。既出之日。可居冢下。冢無屋。宗家猶有贏田廬田可首粥者耳。何必官池客舍。既推獨車。復表其上。爲其飾僞。良亦昭晰。幼起同辟有薛孟嘗者。與弟子同居。弟子常求分。力不能止。固乃聽之。都與奴婢引其老者。曰。與我共事。汝不能使之。田屋取其荒壞者。曰。我少時所作買。意所戀也。器物取其久者。曰。我服食久。身口安之也。外有共分之名。內實十三耳。子弟無幾盡之。輒復更分。如此者數。傳稱袁盎三兄子分而供其公家之費。此則然矣。論語泰伯三讓。民無得而稱之焉。何有讓數十萬。畏人而不知。欲令皦皦乃如是乎。方之袁薛。差以千里。凡同居上也。通有無次也。讓其下耳。況若幼起仍斯。不足貴矣。

子曰。恭而無禮則勞。愼而無禮則葸。勇而無禮則亂。直而無禮則絞。

〔風俗通愆禮篇〕南陽張伯大鄧子敬小伯大三年以兄禮事之伯臥牀上敬寢下小榻言常恐清旦朝拜俱去鄉里居緱氏城中亦教授坐養聲價伯大爲議郎益州太守子敬辟司徒公車徵謹按禮記十年兄事之五年肩隨之詩云如切如磋如琢如磨朋友衎衎誾誾各長其儀也凡兄弟相愛尙同輿而出同牀而寢今相校三年耳幸無骨血之屬坐作鬼怪旦朝言恐論語恭而無禮則勞且晏平仲稱善與人交豈徒拜伏而已哉

君子篤於親則民興於仁故舊不遺則民不偸

〔漢書平帝紀〕太皇太后詔曰蓋聞帝王以德撫民其次親親以相及也昔堯睦九族舜惇敘之朕以皇帝幼年且統國政惟宗室子皆太祖高皇帝子孫及兄弟吳頃楚元之後漢元至今十有餘萬人雖有王侯之屬莫能相糾或陷入刑罪敎訓不至之咎也傳不云乎君子篤於親則民興於仁其爲宗室自太上皇以來族親各以世氏郡國置宗師以糾之致教訓焉

曾子有疾召門弟子曰啓予足啓予手詩云戰戰兢兢如臨深淵如履薄冰而今而後吾知免夫小子

〔論衡四諱篇〕徒用心以爲先祖全而生之。子孫亦當全而歸之。故曾子有疾。召門弟子曰。開予足。開予手。而今而後。吾知免夫。小子。曾子重愼。臨絕效全。喜免毀傷之禍也。

曾子有疾。孟敬子問之。曾子言曰。鳥之將死。其鳴也哀。人之將死。其言也善。

〔史記滑稽東方朔傳〕至老朔且死時。諫曰。詩云營營青蠅。止於蕃。愷悌君子。無信讒言。讒言罔極。交亂四國。願陛下遠巧佞。退讒言。帝曰。今顧東方朔多善言。怪之。居無幾何。朔果病死。傳曰。鳥之將死。其鳴也哀。人之將死。其言也善。此之謂也。

〔新序雜事篇一〕楚共王有疾。召令尹曰。常侍筦蘇與我處。常忠我以道。正我以善。吾與處不安也。不見不思也。雖然。吾有得也。其功不細。必厚爵之。申侯伯與處。常縱恣吾。吾所樂者。勸吾爲之。吾所好者。先吾服之。吾與處歡樂之。不見戚戚也。雖然。吾終無得也。其過不細。必亟遣之。令尹曰。諾。明日。王薨。令尹即拜筦蘇爲上卿。而逐申侯伯出之境。曾子曰。鳥之將死。其鳴也哀。人之將死。其言也善。言反其本性。共王之謂也。故孔子曰。朝聞道。夕死可矣。於以開後嗣。覺來世。猶愈沒身不寤者也。

〔魏志高堂隆傳〕隆疾篤。口占上疏曰。曾子有疾。孟敬子問之。曾子曰。鳥之將死。其鳴也哀。人之將

死。其言也善。臣寢疾病。有增無損。常懼奄忽。忠款不昭。臣之丹誠。豈惟曾子。願陛下少垂省覽

〔吳志孫登傳〕登臨終上疏曰。臣聞鳥之將死。其鳴也哀。人之將死。其言也善。故子囊臨終遺言戒時。君子以爲忠。

君子所貴乎道者三。動容貌。斯遠暴慢矣。正顏色。斯近信矣。出辭氣。斯遠鄙倍矣。籩豆之事。則有司存。

〔鹽鐵論箴石篇〕丞相史曰。吾聞諸鄭長孫曰。君子正顏色則遠暴嫚。出辭氣則遠鄙倍矣。故言可述。行可則。此有司夙昔所願覩也。若夫劍客論博奕辯。盛色而相蘇。立權以不相假。使有司不能取賢良之議。而賢良文學被不遜之名。竊爲諸生不取也。

〔後漢書朱浮傳論〕吳起與田文論功。文不及者三。朱買臣難公孫弘十策。弘不得其一。終之田文相魏。公孫宰漢。誠知宰相自有體也。故曾子曰。君子所貴乎道者三。籩豆之事。則有司存。

曾子曰。可以託六尺之孤。可以寄百里之命。臨大節而不可奪也。君子人與。君子人也。

〔列女傳節義傳〕魯孝義保者。魯孝公稱之保母。臧氏之寡也。初孝公父武公與其二子長子括中子戲朝周宣王。宣王立戲爲魯太子。武公薨。戲立。是爲懿公。孝公時號公子稱。最少。義保與其子俱入宮養公子稱。括之子伯御與魯人作亂。攻殺懿公而自立。求公子稱於宮。將殺之。義保聞伯御將殺稱。乃衣其子以稱之衣。臥於稱之處。伯御殺之。義保遂抱稱以出。遇稱舅魯大夫於外。舅問稱死乎。義保曰。不死。在此。舅曰。何以得免。義保曰。以吾子代之。義保遂以逃。十一年。魯大夫皆知稱之在保。於是請周天子殺伯御。立稱。是爲孝公。魯人高之。論語曰。可以託六尺之孤。其義保之謂也。

〔風俗通過譽篇〕南陽五世公爲廣漢太守。與司徒長史段遼叔同歲。遼叔大子名舊。才操凾鈍。小子髡既見齒鄉黨。到。見股肱曰。太守與遼叔同歲。恩結縞素。薄命早亡。幸來臨郡。今年且以此相饒。舉其子。如無罪。得至後歲。貫魚之次。敬不有違。有主簿柳對曰。明府謹終追遠。興微繼絕。舊然實不如髡。宜可授之。世公於是厲聲曰。丈夫相臨。兒女尚欲舉之。何謂高下之間耶。釋兄用弟。此爲故殃段氏之家。豈稱相遭遇之義乎。竟舉舊也。世公轉換南陽。與東萊太守蔡伯起同歲。欲舉其子。伯起自乞子瓚尚弱。而弟琰幸以成人。是歲舉琰。明年復舉瓚。瓚十四。未可見衆。常稱病。遣詣生交。到十八乃始出治劇平春長上書臣甫弱冠未任宰御乞留宿衛尙書劾奏增年受選減年避劇請免瓚官詔書左遷武當左尉會車騎將軍馮緄南征武陵蠻夷緄與伯起同時公府辟瓚爲軍曲侯瓚歸臥家軍功除新陽長官至下邳相謹按古無孝廉唯有貢士貢士恩義經傳無以也春秋諸侯朝覲會遇大夫亦豫其好禮記曰大夫三月葬同位畢至此言謹終悼亡不説子弟當見寵拔也魯有右成叔聘衛石宰穀留而觴之陳樂而不樂酒酣而不飲送以璧其妻孥隔宅而居之分祿而食之其子長乃辟孔子稱可寄百里之命託六尺之孤臨大節而不可奪相於之義具於此矣語有曰白頭如新交蓋如舊簞食壺漿會於樹陰臨別眷眷念在報効何有同歲相臨而可拱默者哉春秋因其可褒而褒之若乃世公二郡之舉斯爲過矣然世人亦多淺薄在者無之亡者無顧覆之施饑寒綏急視之若遺非徒如此而已至有可否之際受刑誅者人各有心兩不得中夫孝廉平除則有社稷民人傷及民人實宜料度以爲後圖

曾子曰士不可以不弘毅任重而道遠仁以爲己任不亦重乎死而後已不亦遠乎

〔列女傳貞順傳〕楚白貞姬者。楚白公勝之妻也。白公死。其妻紡績不嫁。吳王聞其美且有行。使大夫持金百鎰白璧一雙以聘焉。以輜軿三十乘迎之。將以爲夫人。大夫致幣。白妻辭之曰。白公生之時。妾幸得充後宮。執箕帚。掌衣履。拂枕席。託爲妃匹。白公不幸而死。妾願守其墳墓。以終天年。今王賜金璧之聘。夫人之位。非愚妾之所聞也。妾聞之。忠臣不借人以力。貞女不假人以色。豈獨事生若此哉。於死者亦然。妾既不仁。不能從死。今又去而嫁。不亦太甚乎。遂辭聘而不行。吳王賢其守節有義。號曰楚貞姬。君子謂貞姬潔廉而誠信。夫任重而道遠。仁以爲己任。不亦重乎。死而後已。不亦遠乎。

〔論衡効力篇〕文儒者。力多於儒生。如少都之言。文儒才能千萬人矣。曾子曰。士不可以不弘毅。任重而道遠。仁以爲己任。不亦重乎。死而後已。不亦遠乎。由此言之。儒者所懷。獨已重矣。志所欲至。獨已遠矣。身載重任。至於終死。不倦不衰。力獨多矣。夫曾子載於仁。而儒生載於學。所載不同。輕重均也。

〔中論修本篇〕琴瑟鳴。不爲無聽而失其調。仁義行。不爲無人而滅其道。故弦絕而宮商亡。身死而仁義廢。曾子曰士任重而道遠。仁以爲己任。不亦重乎。死而後己。不亦遠乎。夫路不險則無以知馬之良。任不重則無以知人之德。君子日强其所重以取福。小人日安其所輕以取禍。

子曰。民可使由之。不可使知之。

〔後漢書張敏傳〕建初中。有人侮辱人父者。而其子殺之。肅宗貰其死刑而降宥之。自後因以爲比。是時遂定其議。以爲輕侮法。敏駮議曰。夫輕侮之法。先帝一切之恩。不有成科班之律令也。夫死生之決。宜從上下。猶天之四時。有生有殺。若開相容恕。著爲定法者。則是故設姦萌。生長罪隙。孔子曰。民可使由之。不可使知之。

〔又方術傳〕至乃河洛之文。龜龍之圖。箕子之術。師曠之書。緯候之部。鈐決之符。皆所以探抽冥賾。參驗人區。時有可聞者焉。其流又有風角遁甲七政元氣六日七分逢占日者挺專須臾孤虛之術。及望雲省氣。推處祥妖。時亦有以效於事也。而斯道隱遠。玄奧難原。故聖人不語怪神。罕言性命。或開末而抑其端。或曲辭以章其義。所謂民可使由之。不可使知之。

〔書堯典正義引鄭玄六藝論〕若堯知命在舜。舜知命在禹。猶求於羣臣。舉於側陋。上下交讓。務在服人。孔子曰。民可使由之。不可使知之。此之謂也。

〔中論天壽篇〕見卷六雍也篇知者動節。八十三葉

子曰。好勇疾貧。亂也。人而不仁。疾之已甚。亂也。

〔鹽鐵論後刑篇〕賢良曰。今天下之被誅者。不必有管蔡之邪。鄧皙之僞。恐苗盡而不別。民欺而不治也。孔子曰。人而不仁。疾之已甚。亂也。故民亂反之政。政亂反之身。身正而天下定。是以君子嘉善而矜不能。恩及刑人。德潤窮夫。施惠悅爾。行刑不樂也。

〔後漢書郭泰傳〕左原者。陳留人也。爲郡學生。犯法見斥。林宗嘗遇諸路。爲設酒肴以慰之。謂曰。昔顏涿聚梁甫之巨盜。段干木晉國之大駔。卒爲齊之忠臣。魏之名賢。蘧瑗顏回尚不能無過。況其餘乎。愼勿恚恨。責躬而已。原納其言而去。或有譏林宗不絕惡人者。對曰。人而不仁。疾之已甚。亂也。原後忽更懷忿。結客欲報諸生。其日林宗在學。原愧負前言。因遂罷去。後事露。衆人咸謝服焉。

〔又西羌傳〕來機爲幷州刺史。劉秉爲涼州刺史。並當之職。大將軍梁商謂機等曰。戎狄荒服。蠻夷要服。言其荒忽無常。而統領之道。亦無常法。臨事制宜。略依其俗。今二君素性疾惡。欲分明白黑。孔

子曰人而不仁疾之已甚亂也況戎狄乎其務安羌胡防其大故忍其小過

子曰篤信好學守死善道

〔漢書王貢兩龔鮑傳贊〕春秋列國卿大夫及至漢興將相名臣懷祿耽寵以失其世者多矣是故清節之士於是爲貴然大率多能自治而不能治人王貢之材優於龔鮑守死善道勝實蹈焉貞而不諒薛方近之

危邦不入亂邦不居

〔後漢書獨行李業傳〕及公孫述僭號素聞業賢徵之欲以爲博士業固疾不起數年述羞不致之乃使大鴻臚尹融持毒酒奉詔命以刼業若起則受公侯之位不起賜之以藥融譬旨業歎曰危國不入亂國不居親於其身爲不善者義所不從君子見危授命何乃誘以高位重餌哉遂飲毒而死

天下有道則見無道則隱邦有道貧且賤焉恥也邦無道富且貴焉恥也

〔王褒四子講德論〕蓋聞國有道貧且賤焉恥也今夫子閉門距躍專精趨學有日矣幸遭聖主平世而久懷寶是伯牙去鍾期而舜禹遁帝堯也

〔後漢書班彪傳論〕班彪以通儒上才。傾側危亂之閒。行不踰方。言不失正。仕不急進。貞不違人。敷文華以緯國典。守賤薄而無悶容。彼將以世運未弘。非所謂賤焉恥乎。何其守道恬淡之篤也。

〔潛夫論本政篇〕夫以十萬之計。其能奉上報恩。二人而已。由此觀之。衰世羣臣誠少賢也。其官益大者罪益重。位益高者罪益深。爾故曰。治世之德。衰世之惡。常與爵位自相副也。孔子曰。國有道。貧且賤焉。恥也。國無道。富且貴焉。恥也。

〔中論爵祿篇〕諸子之書。稱爵祿非貴也。資財非富也。何謂乎。曰。彼遭世之亂。見小人富貴而有是言。非古也。古之制爵祿也。爵以居有德。祿以養有功。功大者其祿厚。德遠者其爵尊。功小者其祿薄。德近者其爵卑。是故觀其爵。則別其人之德也。見其祿。則知其人之功也。不待問之。古之君子貴爵祿者。蓋以此也。非以黼黻華乎其身。芻豢之適於其口也。非以美色悅乎其目。鍾鼓之樂乎其耳也。孔子曰。邦有道。貧且賤焉。恥也。明王在上。序爵班祿。而不以逮也。君子以爲至羞。何賤之有乎。

〔又〕自時厥後。文武之教衰。黜陟之道廢。諸侯僭恣。大夫世位。爵人不以德。祿人不以功。竊國而貴者有之。竊地而富者有之。姦邪得願。仁賢失志。於是則以富貴相詬病矣。故孔子曰。邦無道。富且貴焉恥也。

子曰。不在其位。不謀其政。

〔漢書梅福傳〕福上書云。臣聞不在其位。不謀其政。政者職也。位卑而言高者罪也。

子曰。師摯之始。關雎之亂。洋洋乎盈耳哉。

〔論衡案書篇〕讖書云。董仲舒亂我書。蓋孔子言也。讀之者或為亂我書者。煩亂孔子之書也。或以為亂者理也。理孔子之書也。案仲舒之書。不違儒家。不及孔子。其言煩亂孔子之書者。非也。孔子之書不亂。其言理孔子之書者。亦非也。孔子曰。師摯之始。關雎之亂。洋洋乎盈耳哉。亂者終孔子言也。孔子生周。始其本。仲舒在漢。終其末。盡也。

子曰。學如不及。猶恐失之。

〔吳志韋曜傳〕時蔡穎亦在東宮。性好博奕。太子和以為無益。命曜論之。其辭曰。蓋聞君子恥當年而功不立。疾沒世而名不稱。故曰。學如不及。猶恐失之。是以古之志士。悼年齒之流邁。而懼名稱之不立也。故勉精厲操。晨興夜寐。不遑寧息。

子曰。巍巍乎舜禹之有天下也而不與焉。

〔孟子滕文公篇〕見次章。百十九葉

〔漢書王莽傳上〕太后下詔曰。皇帝幼年。朕且統政。比加元服。今衆事煩碎。朕春秋高。精氣不堪。殆非所以安躬體而育養皇帝者也。故選忠賢。立四輔。羣下勸職。永以康寧。孔子曰。巍巍乎舜禹之有天下而不與焉。

〔白虎通聖人篇〕何以言禹湯聖人。論語曰。巍巍乎舜禹之有天下而不與焉。與舜比方巍巍。知禹湯聖人。春秋傳曰。湯以聖德。故放桀。

〔論衡語增篇〕舜承安繼治。任賢使能。恭己無爲而天下治。故孔子曰。巍巍乎舜禹之有天下而不與焉。

〔論衡自然篇〕見次章。百二十一葉

子曰。大哉堯之爲君也。巍巍乎唯天爲大。唯堯則之。蕩蕩乎民無能名焉。巍巍乎其有成功也。煥乎其有文章。

〔孟子滕文公篇〕堯以不得舜爲己憂。舜以不得禹臯陶爲己憂。夫以百畝之不易爲己憂者。農夫也。分人以財謂之惠。敎人以善謂之忠。爲天下得人者謂之仁。是故以天下與人易。爲天下得人難。孔子曰。大哉堯之爲君。惟天爲大。惟堯則之。蕩蕩乎民無能名焉。君哉舜也。巍巍乎有天下而不與焉。堯舜之治天下。豈無所用其心哉。亦不用於耕耳。

〔春秋繁露奉本篇〕人之得天得衆者。莫如受命之天子。下至公侯伯子男。海內之心懸於天子。疆內之民統於諸侯。日月食竝告凶。不以其行。有星茀於東方。於大辰。入北斗。常星不見。地震。梁山沙鹿崩。宋衞陳鄭災。王公大夫篡弒者。春秋皆書以爲大異。不言衆星之茀入霣雨。原隰之襲崩。一國之小民死亡。不決疑於衆草木也。唯田邑之稱多著主名。君將不言臣。臣不言師。王夷君獲。不言師敗。孔子曰。唯天爲大。唯堯則之。則之者大也。巍巍乎其有成功也。言其尊大以成功也。齊桓晉文不尊周室。不能霸。三代聖人不則天地。不能至王。階此而觀之。可以知天地之貴矣。

〔漢書律歷志〕人者繼天順地。序氣成物。統八卦。調八風。理八政。正八節。諧八音。舞八佾。監八方。被八荒。以終天地之功。故八八六十四。其義極天地之變。以天地五位之合終於十者乘之。爲六百四十分以應六十四卦。大族之實也。書曰。天功人其代之。天兼地。人則天。故以五位之合乘焉。唯天爲大。唯堯則之之象也。

〔又儒林傳〕孔子究觀古今之篇籍。乃稱曰。大哉堯之爲君也。唯天爲大。唯堯則之。巍巍乎其有成功也。煥乎其有文章也。又云。周監於二世。郁郁乎文哉。吾從周。於是敍書則斷堯典。稱樂則法韶舞。論詩則首周南。綴周之禮。因魯春秋。舉十二公行事。繩之以文武之道。成一王法。至獲麟而止。

〔又敍傳〕固以爲唐虞三代。詩書所及。世有典籍。故雖堯舜之盛。必有典謨之篇。然後揚名於後世。冠德於百王。故曰。巍巍乎其有成功。煥乎其有文章也。

〔說苑至公篇〕書曰。不偏不黨。王道蕩蕩。言至公也。古有行大公者。帝堯是也。貴爲天子。富有天下。得舜而傳之。不私於其子孫也。去天下若遺躧。於天下猶然。況其細於天下乎。非帝堯孰能行之。孔子曰。巍巍乎惟天爲大。惟堯則之。易曰。無首吉。此蓋人君之公也。

〔論衡初稟篇〕夫大人與天地合其德。與日月合其明。與四時合其序。與鬼神合其吉凶。先天而天不違。後天而奉天時。如必須天有命。乃以從事。安得先天而後天乎。以其不待天命。直以心發。故有先天後天之勤。言合天時。故有不違奉天之文。論語曰。大哉。堯之爲君。唯天爲大。唯堯則之。王者則天。不違奉天之義也。推自然之性。與天合同。是則所謂大命文王也。

〔又藝增篇〕論語曰。大哉堯之爲君也。蕩蕩乎民無能名焉。傳曰。有年五十擊壤於路者。觀者曰。大哉堯德乎。擊壤者曰。吾日出而作。日入而息。鑿井而飲。耕田而食。堯何等力。此言蕩蕩無能名之效也。

〔又自然篇〕孔子曰。大哉堯之爲君也。惟天爲大。惟堯則之。又曰。巍巍乎舜禹之有天下也。而不與焉。周公曰。上帝引佚。上帝謂舜禹也。舜禹承安繼治。任賢使能。恭己無爲而天下治。舜禹承堯之安。堯則天而行。不作功邀名。無爲之化自成。故曰。蕩蕩乎民無能名焉。年五十者擊壤於塗。不能知堯之德。蓋自然之化也。

〔又齊世篇〕語稱上世之時。聖人德優而功治有奇。故孔子曰。大哉堯之爲君也。唯天爲大。唯堯則之。蕩蕩乎民無能名焉。巍巍乎其有成功也。煥乎其有文章也。

〔又須訟篇〕孔子稱大哉堯之爲君也。唯天爲大。唯堯則之。蕩蕩乎民無能名焉。或年五十擊壤於塗。或曰。大哉堯之德也。擊壤者曰。吾日出而作。日入而息。鑿井而飲。耕田而食。堯何等力。孔子乃言大哉堯之德者。乃知堯者也。

〔藝文類聚二十引孔融聖人優劣論〕荀愔以爲孔子稱大哉堯之爲君也。唯天爲大。唯堯則之。是則爲覆蓋衆聖最優之明文也。孔以堯作天子九十餘年。政化洽於民心。雅頌流於衆聽。是以聲德發聞。遂爲稱首。則易所謂聖人久於其道而天下化成。百年然後勝殘去殺。必世而後仁者也。故曰。大哉堯之爲君也。堯之爲聖也。明其聖與諸聖同。但以久見稱爲君爾。

〔魏志高貴鄉公紀〕帝問曰。鄭玄云。稽古同天。言堯同於天也。王肅云。堯順考古道而行之。二義不同。何者爲是。博士庾峻對曰。先儒所執。各有乖異。臣不足以定之。然洪範稱三人占從二人之言。賈馬及肅皆以爲順考古道。以洪範言之。肅義爲長。帝曰。仲尼言唯天爲大。唯堯則之。堯之大美在乎則天。順考古道。非其至也。今發篇開義。以明聖德。而舍其大。更稱其細。豈作者之意邪。

〔又陳思王植傳〕臣聞天稱其高者。以無不覆。地稱其廣者。以無不載。日月稱其明者。以無不照。江海稱其大者。以無不容。故孔子曰。大哉堯之爲君。惟天爲大。惟堯則之。夫天德之於萬物。可謂弘廣矣。蓋堯之爲敎。先親後疏。自近及遠。其傳曰。克明峻德。以親九族。九族既睦。平章百姓。

〔列子仲尼篇注引何晏无名論〕夏侯玄曰。天地以自然運。聖人以自然用。自然者道也。道本无名。故老氏曰。彊爲之名。仲尼稱堯蕩蕩无能名焉。下云巍巍成功。則彊爲之名。取世所知而稱耳。豈有名而更當云无能名焉者邪。

〔羣書治要引陸景典語〕王者所以稱天子者。以其號令政治法天而行故也。夫天之育萬物也。耀之以日月。紀之以星辰。運之以陰陽。成之以寒暑。震之以雷霆。潤之以雲雨。天不親事而萬事歸功者。以所任者得其宜也。然握璿璣。御七辰。調四時。制五行。此蓋天子之所爲任者也。孔子曰。唯天爲大。唯堯則之。

舜有臣五人而天下治。武王曰。予有亂臣十人。

〔後漢書宦者曹節傳〕審忠上書云。臣聞理國得賢則安。失賢則危。故舜有臣五人而天下理。湯舉伊尹。不仁者遠。

孔子曰。才難。不其然乎。

〔漢書劉向傳贊〕仲尼稱材難不其然與。自孔子後。綴文之士衆矣。唯孟軻孫況董仲舒司馬遷劉向揚雄。此數公者。皆博物洽聞。通達古今。其言有補於世。傳曰。聖人不出。其閒必有命世者焉。豈近是乎。

〔又王嘉傳〕嘉上疏云。臣聞。聖王之功在於得人。孔子曰。材難。不其然與。故繼世立諸侯。象賢也。

〔後漢書循吏王渙傳〕永初二年。鄧太后詔曰。夫忠良之吏。國家所以爲理也。求之甚勤。得之至寡。故孔子曰。才難。不其然乎。

〔論衡佚文篇〕孝成皇帝讀百篇尙書。博士郎吏莫能曉知。徵天下能爲尙書者。東海張霸通左氏春秋。案百篇序。以左氏訓詁造作百二篇。具成。奏上。成帝出祕尙書以考校之。無一字相應者。成帝下霸於吏。吏當器辜大不謹敬。成帝奇霸之才。赦其辜。亦不滅其經。故百二尙書傳在民閒。孔子曰。才難。能推精思作經百篇。才高卓遹。希有之人也。成帝赦之。多其文也。雖姦非實。次序篇句。依倚事類。有似眞是。故不燒滅之。

〔魏志劉廙傳注引廙別傳〕廙表論治道云。昔者周有亂臣十人。有婦人焉。九人而已。孔子稱才難不其然乎。明賢者難得也。

唐虞之際。於斯爲盛。

〔白虎通號篇〕或曰。唐虞者號也。唐。蕩蕩也。蕩蕩者。道德至大之貌也。虞者。樂也。言天下有道。人皆樂也。故論語曰。唐虞之際。

〔論衡佚文篇〕孔子稱周曰。唐虞之際。於斯爲盛。周之德。其可謂至德已矣。孔子。周之文人也。設生漢世。亦稱漢之至德矣。

有婦人焉。九人而已。

〔東觀漢記序〕孝殤襁褓承統。寢疾不豫。天命早崩。國祚中絕。社稷無主。天下敖然。賴皇太后。孔子稱有婦人焉。信哉。

〔魏志劉廙傳注引廙別傳〕見上才難節。百二十四葉

三分天下有其二。以服事殷。周之德。其可謂至德也已矣。

〔後漢書伏湛傳〕湛上疏曰。臣聞文王受命而征伐五國。必先詢之同姓。然後謀之羣臣。加以著龜。

以定行事。故謀則成。卜則吉。戰則勝。其詩曰。帝謂文王。詢爾仇方。同爾兄弟。以爾鉤援。與爾臨衝。以伐崇墉。崇國城守。先退後伐。所以重人命。俟時而動。故參分天下而有其二。

〔論衡佚文篇〕見上唐虞之際節。百二十五葉

〔風俗通三王篇〕易稱湯武革命。尚書武王戎車三百兩。虎賁八百人。擒紂於牧之野。惟十有三祀。王訪於箕子。詩云。亮彼武王。襲伐大商。勝殷遏劉。耆定武功。由是言之。武王審矣。論語文王率殷之叛國以服事殷。時尚臣屬。何緣便得列三王哉。經美文王三分天下有其二。王業始兆於此耳。

〔魏志武帝紀注引魏武故事〕公令曰。齊桓晉文所以垂稱至今日者。以其兵勢廣大。猶能奉事周室也。論語云。三分天下有其二。以服事殷。周之德可謂至德矣。夫能以大事小也。

子曰。禹吾無間然矣。菲飲食而致孝乎鬼神。惡衣服而致美乎黻冕。卑宮室而盡力乎溝洫。禹吾無間然矣。

〔後漢書殤帝紀〕詔曰。自夏以來。陰雨過節。煖氣不效。將有厥咎。寤寐憂惶。未知所由。昔夏后惡衣服。菲飲食。孔子曰。吾無間然。今新遭大憂。且歲節未和。徹膳損服。庶有補焉。其減太官導官尚方內

署諸服御珍膳靡麗難成之物。
〔風俗通山澤篇〕謹按周禮十里爲成。成閒廣八尺深八尺。故謂之洫。論語曰。禹盡力乎溝洫。

論語古義卷八竟

論語古義卷九

長沙 楊樹達撰集

子罕篇第九

子罕言利與命與仁。

〔史記外戚世家〕人能弘道。無如命何。甚哉。妃匹之愛。君不能得之於臣。父不能得之於子。況卑下乎。既驩合矣。或不能成子姓。能成子姓矣。或不能要終。豈非命也哉。孔子罕稱命。蓋難言之矣。非通幽明之變。惡能識乎性命哉。

〔漢書張禹傳〕禹謂上曰。春秋二百四十二年間。日食三十餘。地震五。或爲諸侯相殺。或夷狄侵中國。災變之異深遠難見。故聖人罕言命。不語怪神。性與天道。自子贛之屬不得聞。何況淺見鄙儒之所言。

達巷黨人曰。大哉孔子。博學而無所成名。子聞之。謂門弟子曰。吾何執。執御乎。執射乎。吾執御矣。

〔漢書吾丘壽王傳〕壽王對曰。禮曰。男子生。桑弧蓬矢以舉之。明示有事也。孔子曰。吾何執。執射乎。大射之禮。自天子降及庶人。三代之道也。詩云。大侯既抗。弓矢斯張。射夫既同。獻爾發功。言貴中。愚聞聖王合射以明敎矣。未聞弓矢之爲禁也。

〔風俗通十反篇〕宗正南陽劉祖奉爲郡屬曹吏。左騎校尉薛丞君卓爲戶曹史。太守公孫慶當祠章陵舊俗。常以衣冠子孫容止端嚴學問通覽任顧問者以爲御史。功曹白用劉祖。祖曰。既託帝王肺腑。過聞前訓。不能備光輝胥附之任。而當側身陪乘。執策握革。有死而已。無能爲役。薛丞因前白曰。今明公垂出。未有御者。雖云不敏。敢充人之周旋進退。補察時闕。言出成謨。大見敬重。亦以祖爲高歲。盡俱舉孝廉。謹案周禮保氏掌六藝之敎。其一曰御。論語曰。吾何執。執御乎。子適衞。冉子僕。有政事之士。列於四友。然猶御者。不爲役也。春秋左氏傳。晉悼公即位。程鄭爲乘馬御。訓羣騶知禮。今國家大駕。大僕親御。他出。奉車都尉。寧可復言執策握革而辭讓之乎。凡黔首皆黃帝子孫。何獨今之肺腑。當見優異也。宗廟之人。或在畎畝。人之化也。何日之有。舊時長吏質樸。子皆駕御。故曰從兒。君臣父子。其揆一也。臣不肯御。子豈可然。公子遂偃蹇不使。下陵上替。能無亂乎。劉祖幸免罪戾而

一三六

見襄賞公孫於是失政刑矣。

子曰。麻冕禮也。今也純。儉。吾從衆。拜下。禮也。今拜乎上。泰也。雖違衆。吾從下。

〔鹽鐵論憂邊篇〕文學曰。明者因時而變。知者隨世而制。孔子曰。麻冕禮也。今也純儉。吾從衆。故聖人上賢不離古。順俗而不偏宜。

〔白虎通紼冕篇〕冕所以用麻爲之者。女功之始。示不忘本也。即不忘本。不用皮何。皮乃太古未有禮文之服。故論語曰。麻冕禮也。尚書曰。王麻冕。

〔後漢書陳元傳〕元上疏云。往者孝武皇帝好公羊。衛太子好穀梁。有詔詔太子受公羊。不得受穀梁。孝宣皇帝在人間時。聞衛太子好穀梁。於是獨學之。及即位。爲石渠論而穀梁氏興。至今與公羊並存。此先帝後帝各有所立。不必其相因也。孔子曰。純儉。吾從衆。至於拜下。則違之。夫明者獨見不惑於朱紫。聽者獨聞。不謬於淸濁。

〔魏志武帝紀注引魏書〕令曰。議者以爲祠廟上殿當解履。吾受錫命。帶劍不解履上殿。今有事於廟而解履。是尊先公而替王命。敬父祖而簡君王。故吾不敢解履上殿也。又臨祭就洗。以手擬水而不盥。夫盥以潔爲靜。未聞擬向不盥之禮。且祭神如神在。故吾親受水而盥也。又降神禮訖。下階就幕而立。須樂奏畢竟。似若不愆烈祖。遲祭不速訖。故吾坐俟樂闋送神乃起也。受胙納神以授侍中。此爲敬恭不終實也。古者親執祭事。故吾親納於神終抱而歸也。仲尼曰。雖違衆吾從下。誠哉斯言也。

子畏於匡。曰。文王既沒。文不在茲乎。天之將喪斯文也。後死者不得與於斯文也。天之未喪斯文也。匡人其如予何。

〔史記孔子世家〕匡人拘孔子益急。弟子懼。孔子曰。文王既沒。文不在茲乎。天之將喪斯文也。後死者不得與於斯文也。天之未喪斯文也。匡人其如予何。孔子使從者爲甯武子臣於衛。然後得去。

〔漢書儒林傳〕見本卷下文鳳鳥不至章。

〔白虎通聖人篇〕見下章。百三十三葉

〔論衡超奇篇〕以會稽言之。周長生者。文士之雄也。作洞歷十篇。上自黃帝。下至漢朝。鋒芒毛髮之事莫不紀載。與太史公表紀相似類也。上通下達。故曰洞歷。然則長生非徒文人。所謂鴻儒者也。孔子曰。文王既沒。文不在茲乎。文王之文在孔子。孔子之文在仲舒。仲舒既死。豈在長生之徒與。何言之卓殊。文之美麗也。

〔又佚文篇〕孔子曰。文王既沒。文不在茲乎。文王之文傳在孔子。孔子爲漢制文。傳在漢也。

〔王肅孔子家語解序〕孔子二十二世孫有孔猛者。家有其先人書。昔相從學。頃還家。方取以來。與予所論有若重規疊矩。昔仲尼曰。文王既沒。文不在茲乎。天之將喪斯文也。後死者不得與于斯文也。天之未喪斯文。匡人其如予何。言天喪斯文。故今已傳斯文于天下。今或者天未欲亂斯文。故令從予學。而予從猛得斯論。以明相與孔氏之無違也。

大宰問於子貢曰。夫子聖者與。何其多能也。子貢曰。固天縱之將聖。又多能也。子聞之曰。大宰知我乎。

〔白虎通聖人篇〕聖人未沒時。寧知其聖乎。曰。知之。論語曰。太宰問子貢曰。夫子聖者歟。孔子曰。太宰知我乎。聖人亦自知聖乎。曰。知之。孔子曰。文王既沒。文不在茲乎。

〔論衡知實篇〕太宰問於子貢曰。夫子聖者歟。何其多能也。子貢曰。固天縱之將聖。又多能也。將者。

且也不言已聖言且聖者以爲孔子聖未就也夫聖若爲賢矣治行厲操操行未立則謂且賢今言且聖聖可爲之故也

吾少也賤故多能鄙事君子多乎哉不多也牢曰子云吾不試故藝

〔論衡自然篇〕牢曰子云我不試故藝又曰吾少也賤故多能鄙事人之賤不用於大者類多伎能天尊貴高大安能撰爲災變以譴告人

〔王肅孔子家語解序〕語曰牢曰子云吾不試故藝說者不知爲誰多妄爲之說孔子家語弟子有琴張一名牢字子開亦字張衞人也宗魯死將往弔孔子止焉

子曰鳳鳥不至河不出圖吾已矣夫

〔史記孔子世家〕魯哀公十四年春狩大野叔孫氏車子鉏商獲獸以爲不祥仲尼視之曰麟也取之曰河不出圖雒不出書吾已矣夫

〔漢書董仲舒傳〕仲舒對策云孔子曰鳳鳥不至河不出圖吾已矣夫自悲可致此物而身卑賤不得致也

〔又儒林傳〕周道既衰。壞於幽厲。禮樂征伐自諸侯出。陵夷二百餘年而孔子興。以聖德遭季世。知言之不用而道不行。乃歎曰。鳳鳥不至。河不出圖。吾已矣夫。文王既沒。文不在茲乎。

〔鹽鐵論論儒篇〕文學曰。無鞭策。雖造父不能調駟馬。無世位。雖舜禹不能治萬民。孔子曰。鳳鳥不至。河不出圖。吾已矣夫。故軺車良馬無以馳之。聖德仁義無所施之。

〔論衡書虛篇〕孔子生時推排不容。故歎曰。鳳鳥不至。河不出圖。吾已矣夫。

〔又問孔篇〕孔子曰。鳳鳥不至。河不出圖。吾已矣夫。夫子自傷不王也。已致太平。太平則鳳鳥至。河出圖矣。今不得王。故瑞應不至。悲心自傷。故曰吾已矣夫。

〔又指瑞篇〕瑞有小大。各以所見定德薄厚。若夫白魚赤烏。小安之兆也。鳳皇騏驎。大物太平之象也。故孔子曰。鳳鳥不至。河不出圖。吾已矣夫。不見太平之象。自知不遇太平之時矣。

〔又宣漢篇〕儒者見孔子言。鳳鳥不至。河不出圖。吾已矣夫。方今無鳳鳥河圖。瑞頗未至悉具。故謂未太平。此言妄也。彼聞堯舜之時。鳳皇景星皆見。河圖洛書皆出。以爲後王治天下。當復若等之物。乃爲太平。用心若此。猶謂堯當復比齒。舜當復八眉也。夫帝王聖相前後不同。則得瑞古今不等。而今王無鳳鳥河圖爲未太平安矣。孔子言鳳鳥河圖者。假前瑞以爲語也。未必謂世當復有鳳皇與河圖也。

〔後漢書梁冀傳〕袁著上書云。臣聞仲尼歎鳳鳥不至河不出圖。自傷卑賤不能致也。

〔魏志文帝紀注引漢獻帝傳〕司馬懿等言。臣等聞有唐世衰。天命在虞。虞氏世衰。天命在夏。然則天地之靈。歷數之運。去就之符。惟德所在。故孔子曰。鳳鳥不至。河不出圖。吾已矣夫。

顏淵喟然歎曰。仰之彌高。鑽之彌堅。瞻之在前。忽焉在後。

〔論衡恢國篇〕顏淵喟然歎曰。仰之彌高。鑽之彌堅。此言顏淵學於孔子。積累歲月。見道彌深也。

夫子循循然善誘人。

〔吳志步騭傳〕潁川周昭著書稱步騭及嚴畯等曰。古今賢士大夫所以失名喪身傾家害國者。其由非一也。然要其大歸。總其常患。四者而已。急議論一也。爭名勢二也。重朋黨三也。務欲速四也。此四者不除。未有能全也。當世君子能不然者。亦比有之。豈獨古人乎。然論絕異。未若顧豫章諸葛使君步丞相嚴衞尉張奮威之爲美也。論語言。夫子恂恂然善誘人。又曰。成人之美。不成人之惡。豫章有之矣。望之儼然。即之也溫。聽其言也厲。使君體之矣。恭而安。威而不猛。丞相履之矣。學不求祿。心無苟得。衞尉奮威蹈之矣。

博我以文。約我以禮。

〔論衡別通篇〕夫孔子之門。講習五經。五經皆習。庶幾之才也。顏淵曰。博我以文。才智高者。能爲博矣。顏淵之曰博者。豈徒一經哉。

〔後漢書范升傳〕見卷六雍也篇君子博學於文章。八十五葉

欲罷不能。既竭吾才。如有所立卓爾。雖欲從之。末由也已。

〔春秋繁露二端篇〕春秋至意有二端。不本二端之所從起。亦未可與論烖異也。小大微著之分也。夫覽求微細於無端之處。誠知小之將爲大也。微之將爲著也。吉凶未形。聖人所獨立也。雖欲從之。末由也已。此之謂也。

子疾病。子路使門人爲臣。病間。曰。久矣哉。由之行詐也。無臣而爲有臣。吾誰欺。欺天乎。且予與其死於臣之手也。無寧死於二三子之手乎。且予縱不得大葬。

予死於道路乎。

〔漢書朱博傳贊〕薛宣朱博皆起佐史歷位以登宰相宣所在而治爲世吏師及居大位以苛察失名器誠有極也博馳騁進取不師道德已亡可言又見孝成之世委任大臣假借用權世主已更好惡異前復附丁傅稱順孔鄉事發見詰遂陷誣罔辭窮情得仰藥飲鴆孔子曰久矣哉由之行詐也博亦然哉。

〔論衡感類篇〕子疾病子路遣門人爲臣病間曰久矣哉由之行詐也無臣而爲有臣吾誰欺欺天乎孔子罪子路者也己非人君子路使門人爲臣非天之心而妄爲之是欺天也

子貢曰有美玉於斯韞匵而藏諸求善賈而沽諸子曰沽之哉沽之哉我待賈者也。

〔白虎通商賈篇〕商賈何謂也商之爲言商也商其遠近度其有亡通四方之物故謂之商也賈之爲言固也固其有用之物以待民來以求其利者也行曰商止曰賈易曰先王以至日閉關商旅不行后不省方論語曰沽之哉沽之哉我待價者也

子欲居九夷。或曰。陋。如之何。子曰。君子居之。何陋之有。

〔漢書地理志〕見卷五公冶長篇道不行章。五十七葉

〔論衡問孔篇〕子欲居九夷。或曰。陋。如之何。子曰。君子居之。何陋之有。孔子疾道不行於中國。志恨失意。故欲之九夷也。或人難之曰。夷狄之鄙陋無禮義。如之何。孔子曰。君子居之。何陋之有。言以君子之道居而教之。何爲陋乎。

〔後漢書東夷傳〕王制云。東方曰夷。夷者。柢也。言仁而好生。萬物柢地而出。故天性柔順。易以道御。至有君子不死之國焉。夷有九種。曰畎夷。于夷。方夷。黄夷。白夷。赤夷。玄夷。風夷。陽夷。故孔子欲居九夷也。

〔又傳論〕昔箕子違衰殷之運。避地朝鮮。始其國俗未有聞也。及施八條之約。使人知禁。遂乃邑無淫盜。門不夜扃。回頑薄之俗。就寬略之法。行數百千年。故東夷通以柔謹爲風。異乎三方者也。苟政之所暢。則道義存焉。仲尼懷憤。以爲九夷可居。或疑其陋。子曰。君子居之。何陋之有。亦徒有以焉爾。

〔牟子理惑篇〕見卷三八佾篇夷狄之有君章。三十葉

子曰。吾自衛反魯。然後樂正。雅頌各得其所。

〔史記孔子世家〕吾自衛反魯。然後樂正。雅頌各得其所。古者詩三千餘篇。及至孔子。去其重。取可施於禮義。上采契后稷。中述殷周之盛。至幽厲之缺。始於衽席。故曰。關雎之亂以爲風始。鹿鳴爲小雅始。文王爲大雅始。清廟爲頌始。三百五篇。孔子皆弦歌之。以求合韶武雅頌之音。禮樂自此可得而述。以備王道。成六藝。

〔漢書禮樂志〕周道始缺。怨刺之詩起。王澤既竭。而詩不能作。王官失業。雅頌相錯。孔子論而定之。故曰。吾自衛反魯。然後樂正。雅頌各得其所。

〔論衡須頌篇〕問說書者。欽明文思以下。誰所言也。曰篇家也。篇家誰也。孔子也。然則孔子鴻筆之人也。自衛反魯。然後樂正。雅頌各得其所也。鴻筆之奮。蓋斯時也。

〔又知實篇〕孔子曰。吾自衛反魯。然後樂正。雅頌各得其所。是謂孔子自知時也。何以自知。魯衛天下最賢之國也。魯衛不能用己。則天下莫能用己也。故退作春秋。刪定詩書。以自衛反魯言之。知行應聘時未自知也。

子在川上。曰。逝者如斯夫。不舍晝夜。

〔春秋繁露山川頌〕水則源泉混混沄沄。晝夜不竭。既似力者。盈科後行。既似持平者。循微赴下。不遺小間。既似察者。循谿谷不迷。或奏萬里而必至。既似知者。防山而能清淨。既似知命者。不清而入。潔清而出。既似善化者。赴千仞之壑。入而不疑。既似勇者。物皆困於火。而水獨勝之。既似武者。咸得之而生。失之而死。既似有得者。孔子在川上。曰。逝者如斯夫。不舍晝夜。此之謂也。

子曰。吾未見好德如好色者也。

〔史記孔子世家〕居衛月餘。靈公與夫人同車。宦者雍渠參乘。出使孔子爲次乘。招搖市過之。孔子曰。吾未見好德如好色也。於是醜之。去衛過曹。

子曰。譬如爲山。未成一簣。止吾止也。譬如平地。雖覆一簣。進吾往也。

〔漢書禮樂志〕世祖受命中興。撥亂反正。改定京師於土中。卽位三十年。四夷賓服。百姓家給。政教清明。乃營立明堂辟雍。顯宗卽位。躬行其禮。宗祀光武皇帝於明堂。養三老五更於辟雍。威儀既盛美矣。然德化未流洽者。禮樂未具。羣下無所誦說。而庠序尙未設之故也。孔子曰。辟如爲山。未成一賓止。吾止也。

子曰。後生可畏。焉知來者之不如今也。四十五十而無聞焉。斯亦不足畏也已。

〔新序雜事五篇〕齊有閭丘邛。年十八。道遮宣王曰。家貧親老。願得小仕。宣王曰。子年尚稚。未可也。閭丘邛對曰。不然。昔有顓頊行年十二而治天下。秦項橐七歲爲聖人師。由此觀之。邛不肖耳。年不稚也。宣王曰。未有咫角驂駒而能服重致遠者也。由此觀之。夫士亦華髮墮顛而後可用耳。閭丘邛曰。不然。夫尺有所短。寸有所長。驊騮綠驥。天下之俊馬也。使之與貍鼬試於釜竈之間。其疾未必能過貍鼬也。黃鵠白鶴。一舉千里。使之與燕服翼試之堂廡之下。廬室之間。其便未必能過燕服翼也。辟閭巨闕。天下之利器也。擊石不闕。刺石不銼。使之與管槀決目出眯。其便未必能過管槀也。由此觀之。華髮墮顛與邛何以異哉。宣王曰。善。子有善言。何見寡人之晚也。邛對曰。夫雞豚讙嗷。卽奪鐘鼓之音。雲霞充咽。則奪日月之明。讒人在側。是以見晚也。詩曰。聽言則對。譖言則退。庸得進乎。宣王拊軾曰。寡人有過。遂載與之俱歸而用焉。故孔子曰。後生可畏。安知來者不如今。此之謂也。

〔論衡實知篇〕見卷二爲政篇子張問十世可知也章。

〔魏志鍾會傳注引王弼傳〕於時何晏爲吏部尚書。甚奇弼。歎之曰。仲尼稱後生可畏。若斯人者。可與言天人之際乎。

子曰。三軍可奪帥也。匹夫不可奪志也。

〔後漢書李陳龐陳橋傳論〕龐參躬求賢之禮。故民悅其政。橋玄厲邦君之威。而衆失其情。夫豈力不足歟。將有道在焉。如令其道可忘。則彊梁勝矣。語曰。三軍可奪帥。匹夫不可奪志。子貢曰。寧喪千軍。不失士心。昔段干木踰牆而避文侯之命。泄柳閉門不納穆公之請。貴必有所屈。賤亦有所伸矣。

〔魏志文帝紀注引漢獻帝傳〕令曰。吾德非周武。而義慙夷齊。庶欲遠苟妄之失道。立丹石之不奪。邁於陵之所富。蹈柏成之所貴。執鮑焦之貞至。尊薪者之淸節。故曰三軍可奪帥。匹夫不可奪志。吾之斯志。豈可奪哉。

子曰。衣敝縕袍。與衣狐貉者立而不恥者。其由也與。不忮不求。何用不臧。子路終身誦之。子曰。是道也。何足以臧。

〔史記仲尼弟子傳〕見卷十三子路篇子路問政章。百九十一葉

子曰。歲寒。然後知松柏之後彫也。

〔史記伯夷傳〕見卷十五衛靈公篇道不同章。二百五十八葉

〔漢書傳喜傳〕莽曰。太后下詔曰。高武侯喜。姿性端慤。論議忠直。雖與故定陶太后有屬。終不順指從邪。介然守節。以故斥逐就國。傳不云乎。歲寒然後知松柏之後彫也。

〔潛夫論交際篇〕昔魏其之客。流於武安。長平之吏。移於冠軍。廉頗翟公。載盈載虛。夫以四君之賢。藉舊貴之夙恩。客猶若此。則又況乎生貧賤者哉。唯有古烈之風。志義之士。爲不然爾。思有所結。終身無解。心有所矜。賤而益篤。詩云。淑人君子。其儀一兮。心如結兮。故歲寒然後知松柏之後凋也。

子曰。可與共學。未可與適道。

〔吳志虞翻傳注引翻別傳〕翻奏曰。經之大者。莫過於易。自漢初以來。海內英才。其讀易者。解之率少。至孝靈之際。潁川荀諝號爲知易。臣得其注。有愈俗儒。至所說西南得朋。東北喪朋。顚倒反逆。了不可知。孔子歎易曰。知變化之道者。其知神之所爲乎。以美大衍四象之作。而上爲章首。尤可怪笑。又南郡太守馬融。名有俊才。其所解釋。復不及諝。孔子曰。可與共學。未可與適道。豈不其然。

可與適道。未可與立。可與立。未可與權

〔淮南子氾論訓〕夫君臣之接。屈膝卑拜。以相尊禮也。至其迫於患也。則舉足蹴其體。天下莫能非也。是故忠之所在。禮不足以難之也。孝子之事親。和顏卑體。奉帶運履。至其溺則捽父。祝則名君。勢不得不然也。此權之所設也。故孔子曰。可以共學矣。而未可以適道也。可與適道。未可以立也。可以立。未可與權。權者。聖人之所獨見也。故忤而後合者。謂之知權。合而後舛者。謂之不知權。不知權者。善反醜矣。

〔鹽鐵論遵道篇〕夫欲粟者務時。欲治者因世。故商君昭然獨見存亡。不可與世俗同者。爲其沮功而多近也。庸人安其故。而愚者果所聞。故舟車之治。使民三年而後安之。商君之法立。然後民信之。孔子曰。可與共學。未可與權。文學可令扶繩循刻。非所與論道術之外也。

〔說苑權謀篇〕謀有二端。上謀知命。其次知事。知命者預見存亡禍福之原。早知盛衰廢興之始。防事之未萌。避難於無形。若此人者。居亂世則不害於其身。在乎太平之世。則必得天下之權。彼知事者亦尚矣。見事而知得失成敗之分。而究其所終極。故無敗業廢功。孔子曰。可與適道。未可與權也。

夫非知命知事者。孰能行權謀之術。

〔後漢書周章傳論〕孔子稱可與立。未可與權。權也者。反常者也。將從反常之事。必資非常之會。使夫舉無違妄。志行名全。周章身非負圖之託。德乏萬夫之望。王無絕天之釁。地有既安之埶。而創慮於難圖。希功於理絕。不已悖乎。

〔古文苑引酈炎對事〕以季子之才。君國子民。行化四方。與夫句踐相去幾何。若令向時見國危亂。慕周公急時之義。思先君致國之意。攝政持統。邁其威德。奚翅遷都瑯琊。尚征上國。朝齊宋鄭魯衛執玉之君哉。孔子稱可與立。未可與權。權反經而善。聖之達節者也。季子守節之士。故非其量度乎。

〔牟子理惑篇〕牟子曰。昔齊人乘船渡江。其父墮水。其子攘臂捽頭。顛倒。使水從口出。而父命得穌。夫捽頭顛倒。不孝莫大。然以全父之身。若供修孝子之常。父命絕於水矣。孔子曰。可與適道。未可與權。所謂時宜施者也。

〔潛夫論明忠篇〕夫術之為道也。精微而神。言之不足。而行有餘。有餘故能兼四海而照幽冥。權之爲勢也。健悍以大。不待貴賤。操之者重。重故能奪主威而順當世。是以明君未嘗示人術而借下權也。孔子曰。未可與權。

〔中論智行篇〕昔武王崩。成王幼。周公居攝。管蔡啓殷畔亂。周公誅之。成王不達。周公恐之。天乃雷電風雨以彰周公之德。然後成王寤。成王非不仁厚於骨肉也。徒以不聰叡之故。助畔亂之人。幾喪周公之功而墮文武之業。召公見周公之既反政而猶不知疑其貪位。周公爲之作君奭。然後悅。夫以召公懷聖之資而猶若此。況乎末葉之士。苟失一行。而智略褊短。亦可懼矣。仲尼曰。可與立。未可與權。

〔魏志武帝紀注引魏書〕令曰。議者或有軍吏雖有功能。德行不足堪任郡國之選。所謂可與適道未可與權。管仲曰。使賢者食於能。則上尊。鬭士食於功。則卒輕於死。二者設於國。則天下治。未聞無能之人。不鬭之士。並受祿賞。而可以立功興國者也。

唐棣之華。偏其反而。豈不爾思。室是遠而。子曰。未之思也。夫何遠之有。

〔春秋繁露竹林篇〕若春秋之於偏戰也。善其偏。不善其戰。何以效其然也。春秋愛人。而戰者殺人。

君子奚說善殺其所愛哉。故春秋之於偏戰也。猶其於諸夏也。引之魯則謂之外。引之夷狄則謂之內。比之詐戰則謂之義。比之不戰則謂之不義。故盟不如不盟。然而有所謂善盟。戰不如不戰。然而有所謂善戰。不義之中有義。義之中有不義。辭不能及。皆在於指。非精心達思者。其孰能知之。詩云。棠棣之華。偏其反而。豈不爾思。室是遠而。孔子曰。未之思也。夫何遠之有。由是觀之。見其指者不任其辭。然後可與適道矣。

〔潛夫論實貢篇〕是故選賢貢士。必考覈其淸素。據實而言。其有小疵。勿彊衣飾。以壯虛聲。一能之士。各貢所長。出處默語。勿彊相兼。則蕭曹周韓之倫。何足得。吳鄧梁竇之徒。可致。各以所宜。量材授任。則庶官無曠。興功可成。太平可致。麒麟可臻。且燕小。其位卑。然昭王尙能招集他國之英俊。興誅暴亂。成致治彊。今漢土之廣博。天子尊明。而曾無一良臣。此誠不愍兆黎之愁苦。不急賢人之佐治爾。孔子曰。未之思也。夫何遠之有。忠良之吏誠易得也。顧聖王欲之不爾。

論語古義卷九竟

論語古義卷十

長沙　楊樹達撰集

鄉黨篇第十

孔子於鄉黨恂恂如也。似不能言者。其在宗廟朝廷。便便言。唯謹爾。

〔後漢書張湛傳〕湛後告歸平陵。望寺門而步。主簿進曰。明府位尊德重。不宜自輕。湛曰。禮下公門。軾輅馬。孔子於鄉黨恂恂如也。父母之國。所宜盡禮。何謂輕哉。

〔藝文類聚二十三引張奐誡兄子書〕聞仲祉輕傲者老。侮狎同年。極口恣意。當崇長幼。以禮自持。聞敦煌有人來。同聲相道。皆稱叔時寬仁。聞之喜而且悲。喜叔時美稱。悲汝得惡論。經言孔子于鄉黨恂恂如也。恂恂者恭謙之貌也。經難知。且自以汝資父爲師。汝父寧輕鄉里耶。年少多失。改之爲貴。

〔潛夫論交際篇〕孔子恂恂似不能言者。又稱誾誾言惟謹也。士貴有辭。亦憎多口。故曰文質彬彬然後君子。與其不忠。剛毅木訥尙近於仁。

去喪。無所不佩。

〔白虎通衣裳篇〕所以必有佩者。論語曰。去喪。無所不佩。天子佩白玉。諸侯佩玄玉。大夫佩水蒼玉。士佩瓀珉石。佩卽象其事。若農夫佩其耒耜。工匠佩其斧斤。婦人佩其鍼鏤。何以知婦人亦佩玉。詩云。將翺將翔。佩玉將將。彼美孟姜。德音不忘。

羔裘玄冠不以弔。

〔白虎通崩薨篇〕玄冠不以弔者。不以吉服臨人凶。示助哀也。論語曰。羔裘玄冠不以弔。

〔通典八十引魏杜布會喪宜去冠議〕論語曰。羔裘玄冠不以弔。故周人去玄冠代以素弁。漢去玄冠代以布巾。亦王者相變之儀。未必獨非也。

食不厭精。膾不厭細。

〔牟子理惑論〕人之處世。莫不好富貴而惡貧賤。樂歡逸而憚勞倦。黃帝養性。以五肴爲上。孔子云。食不厭精。膾不厭細。

不時不食。

〔後漢書和熹鄧皇后紀〕詔曰。凡供薦新味。多非其節。或鬱養強孰。或穿掘萌芽。味無所至而夭折生長。豈所以須時育物乎。傳曰。非其時不食。自今當奉祠陵廟及給御者。皆須時乃上。

割不正不食。

〔墨子非儒篇〕見本卷下文席不正不坐節。百五十二葉

〔新序節士篇〕見本卷下文席不正不坐節。百五十二葉

沽酒市脯不食。

〔漢書食貨志〕羲和魯匡言。酒者天之美祿。帝王所以頤養天下。享祀祈福。扶養衰疾。百禮之會。非酒不行。故詩曰。無酒酤我。而論語曰。酤酒不食。二者非相反也。夫詩據承平之世。酒酤在官。和旨便人。可以相御也。論語孔子當周衰亂。酒沽在民。薄惡不誠。是以疑而弗食。

雖蔬食菜羹瓜祭。必齊如也。

〔論衡祭意篇〕人將飲食。謙退。示當有所先。孔子曰。雖蔬食菜羹。瓜祭。必齋如也。禮曰。侍食於君。君使之祭。然後飲食之。

席不正不坐。

〔墨子非儒篇〕哀公迎孔子。席不端。不坐。割不正。弗食。

〔新序節士篇〕東方有士曰袁族目。將有所適而餓於道。狐父之盜丘人也。見之。下壺餐以與之。袁族目三餔而能視。仰而問焉。曰。子誰也。曰。我狐父之盜丘人也。袁族目曰。嘻。汝乃盜也。何爲而食我。以吾不食也。兩手據地而歐之。不出。喀喀然。遂伏地而死。縣名爲勝母。曾子不入。邑號朝歌。墨子回車。故孔子席不正不坐。割不正不食。不飮盜泉之水。積正也。族目不食而死。潔之至也。

鄉人儺。朝服而立於阼階。

〔禮記郊特牲篇〕鄉人禓。孔子朝服立於阼。存室神也。

廏焚。子退朝。曰。傷人乎。不問馬。

〔鹽鐵論刑德篇〕文學曰。仁者愛之効也。義者事之宜也。故君子愛人以及物。治近以及遠。傳曰。凡生之物。莫貴於人。人主之所貴。莫重於人。故天之生萬物。以奉人也。主愛人以順天也。聞以六畜禽獸養人。未聞以所養害人者也。魯廄焚。孔子罷朝。問人不問馬。賤畜而重人也。

朋友死。無所歸。曰。於我殯。

〔白虎通三綱六紀篇〕見卷五公冶長篇顏淵季路侍章。六十八葉

迅雷風烈必變。

〔論衡雷虛篇〕或曰。論語曰。迅雷風烈必變。禮記曰。有疾風迅雷甚雨。則必變。雖夜必興。衣服冠而坐。懼天怒畏罰及己也。如雷不爲天怒。其擊不爲罰過。則君子何爲爲雷變動。朝服而正坐乎。或本誤雖。乎本誤予。今校改。曰。天之與人。猶父子。有父爲之變。子安能忽。故天變。己亦宜變。順天時。示己不違也。人聞犬聲於外。莫不驚駭竦身側耳以審聽之。況聞天變異常之聲。軒轄迅疾之音乎。

〔又感類篇〕夫雷雨之至。天未必責成王也。雷雨至。成王懼以自責也。見類驗於寂寞。猶感動而畏懼。況雷雨揚軒轄之聲。成王庶幾能不怵惕乎。迅雷風烈。孔子必變。禮。君子聞雷。雖夜衣冠而坐。所以敬雷懼激氣也。聖人君子於道無嫌。然猶順天變動。況成王有周公之疑。聞雷雨之變。安能不振懼乎。

〔華陽國志六劉先主志〕獻帝舅車騎將軍董承受命衣帶中密詔。當殺曹公。承先與先主及長水

校尉种輯將軍吳子蘭王子服等同謀。以將行未發。公從容謂先主曰。天下英雄。惟使君與操。本初之徒。不足數也。先主方食。失匕箸。會天震雷。先主曰。聖人言迅雷風烈必變。良有以也。一震之威。乃至於此也。公亦悔失言。

升車。必正立執綏。車中不內顧。不疾言。不親指。

〔白虎通車旂篇〕車所以立乘者。何。制車以步。故立乘。車中不內顧。何。仰卽觀天。俯卽察地。前聞和鸞之聲。旁見四方之運。此車教之道。論語曰。升車。必正立執綏。車中不內顧。

〔風俗通過譽篇〕江夏太守河內趙仲讓舉司隸茂材。爲高唐令。不乘羅車。徑至高唐。變易名姓。止都亭中十餘日。默入市里。觀省風俗。已呼亭長問新令爲誰。從何官來。何時到也。曰。縣已遣吏迎。垂有起居。曰。正我是也。亭長怖遽拜謁。竟便具吏。其日入舍。乃謁府。謹按詩云。不愆不忘。率由舊章。左氏傳曰。舊章不可無也。凡張官置吏。爲之律度。故能攝固其位。天下無覬覦也。今仲讓不先謁府。乃徑到縣。俱諆吏民。爾乃入舍。論語。升車必正立。執綏。不內顧。不掩不備。不見人短。禮記。戶有二屨。不入。將上堂。聲必揚。家且猶若此。況於長吏乎。

色斯舉矣，翔而後集。

〔韓詩外傳卷二〕楚狂接輿躬耕以食。其妻之市未返。楚王使使者賫金百鎰造門。曰。大王使臣奉金百鎰。願請先生治河南。接輿笑而不應。使者遂不得辭而去。妻從市而來。曰。先生少而爲義。豈將老而遺之哉。門外車軼何其深也。接輿曰。今者王使使者賫金百鎰。欲使我治河南。其妻曰。豈許之乎。曰。未也。妻曰。君使不從。非忠也。從之。是遺義也。不如去之。乃夫負釜甑。妻戴經器。易姓字。莫知其所之。論語曰。色斯舉矣。翔而後集。接輿之妻是也。

論語古義卷十竟

論語古義卷十一

長沙　楊樹達撰集

先進篇第十一

子曰：從我於陳蔡者，皆不及門也。德行：顏淵，閔子騫，冉伯牛，仲弓。言語：宰我，子貢。政事：冉有，季路。文學：子游，子夏。

〔史記仲尼弟子傳〕孔子曰：受業身通者七十有七人，皆異能之士也。德行：顏淵，閔子騫，冉伯牛，仲弓。政事：冉有，季路。言語：宰我，子貢。文學：子游，子夏。師也僻，參也魯，柴也愚，由也喭，回也屢空，賜不受命而貨殖焉，億則屢中。

〔鹽鐵論殊路篇〕大夫曰：七十子躬受聖人之術，有名列於孔子之門，皆諸侯卿相之才，可南面者數人，可政事者冉有季路，言語宰我子貢。

〔新序雜事三篇〕昔者秦魏爲與國，齊楚約而欲攻魏，魏使人求救於秦，冠蓋相望，秦救不至。魏人有唐且者，年九十餘，謂魏王曰：老臣請西說秦，令兵先臣出，可乎？魏王曰：敬諾。遂約車而遣之。且見秦王。秦王曰丈人罔然乃遠至此甚苦矣魏來求救數矣寡人知魏之急矣唐且答曰大王已知魏之急而救不至是大王籌策之臣失之也且夫魏一萬乘之國也稱東藩受冠帶祠春秋者為秦之强足以為與也今齊楚之兵已在魏郊矣大王之救不至魏急則且割地而約齊楚王雖欲救之豈有及哉是亡一萬乘之魏而强二敵之齊楚也竊以為大王籌策之臣失之矣秦王瞿然而悟遽發兵救之馳鶩而往齊楚聞之引兵而去魏氏復故唐且一説定强秦之策解魏國之患散齊楚之兵一舉而折衝消難辭之功也孔子曰言語宰我子貢

子曰回也非助我者也於吾言無所不説

〔中論智行篇〕仲尼亦奇顏淵之有盛才也故曰回也非助我者也於吾言無所不説顏淵達於聖人之情故無窮難之辭是以能獨獲亹亹之譽為七十子之冠曾參雖質孝原憲雖體清仲尼未甚嘆也

子曰孝哉閔子騫人不間於其父母昆弟之言

〔史記仲尼弟子傳〕閔損字子騫少孔子十五歲孔子曰孝哉閔子騫人不間於其父母昆弟之言

〔藝文類聚二十引說苑〕閔子騫兄弟二人。母死。其父更娶。復有二子。子騫爲其父御車。失轡。父持其手。衣甚單。父則歸。呼其後母兒。執其手。衣甚厚溫。卽謂其婦曰。吾所以娶汝。乃爲吾子。今汝欺我。去無留。子騫前曰。母在一子單。母去四子寒。其父默然。故曰。孝哉閔子騫。一言其母還。再言三子溫。

〔論衡知實篇〕孔子曰。孝哉閔子騫。人不間於其父母昆弟之言。虞舜大聖。隱藏骨肉之過。宜愈子騫。瞽叟與象使舜治廩浚井。意欲殺舜。當見殺己之情。早諫豫止。既無如何。宜避不行。若病不爲。何故使父與弟得成殺己之惡。使人聞非父弟。萬世不滅。

〔華嶠後漢書劉平傳論〕中興。廬江毛義少節。家貧。以孝行稱。南陽人張奉慕其名。往候之。坐定而府檄適至。以義守令。義奉檄而入。喜動顏色。奉者。志尙士也。心賤之。自恨來。固辭而去。及義母死。去官行服。數辟公府。爲縣令。進退必以禮。後擧賢良。公車徵。遂不至。張奉歎曰。賢者固不可測。往日之喜。乃爲親屈也。斯蓋所謂家貧親老。不擇官而仕者也。建初中。章帝下詔褒寵義。賜穀千斛。常以八月長吏問起居。加賜羊酒。壽終于家。安帝時。汝南薛包孟嘗。好學篤行。喪母。以至孝聞。及父娶後妻而憎包。分出之。包日夜號泣。不能去。至被毆杖。不得已。廬於舍外。旦入而洒掃。父怒。又逐之。乃廬於里門。昏晨不廢。積歲餘。父母慙而還之。後行六年服。喪過乎哀。既而弟子求分財異居。包不能止。乃中分其財。奴婢引其老者。曰。與我共事久。若不能使也。田廬取其荒頓者。曰。吾少時所理。意所戀也。器物取朽敗者。曰。我素所服食。身口所安也。弟子數破其產。輒復賑給。建光中。公車特徵。至拜侍中。包性恬虛。稱疾不起。以死自乞。有詔賜告歸。加禮如毛義。年八十餘。以壽終。若二子者。推至誠以爲行。行信於心而感於人。以成名受祿致禮。斯可謂能以孝養也。孔子稱孝哉閔子騫。人不閒於其父母昆弟之言。言其孝皆合於道。莫可復閒也。

顏淵死。顏路請子之車以爲之椁。子曰。才不才。亦各言其子也。鯉也死。有棺而無椁。吾不徒行以爲之椁。以吾從大夫之後。不可徒行也。

〔史記仲尼弟子傳〕顏無繇字路。路者顏回父。父子嘗各異時事孔子。顏回死。顏路貧。請孔子車以葬。孔子曰。材不材。亦各言其子也。鯉也死。有棺而無槨。吾不徒行以爲之槨。以吾從大夫之後。不可以徒行。

〔論衡問孔篇〕顏淵死。有棺無椁。顏路請車以爲之椁。孔子不予。爲大夫不可以徒行也。孔子曰。鯉

一六六

也死有棺無椁吾不徒行以爲之椁鯉之恩深於顔淵鯉死無椁大夫之儀不可徒行也鯉子也顔淵他姓也子死且不禮況其禮他姓之人乎

顔淵死子曰噫天喪予天喪予

〔春秋繁露隨本消息篇〕顔淵死子曰天喪予子路死子曰天祝予西狩獲麟曰吾道窮吾道窮三年身隨而卒階此而觀天命成敗聖人知之有所不能救命矣夫

〔漢書董仲舒傳贊〕劉向稱董仲舒有王佐之材雖伊呂亡以加筦晏之屬伯者之佐殆不及也至向子歆以爲伊呂乃聖人之耦王者不得則不興故顔淵死孔子曰噫天喪余唯此一人爲能當之自宰我子貢子游子夏不與焉

〔論衡偶會篇〕人臣命有吉凶賢不肖之主與之相逢文王時當昌呂望命當貴高宗治當平傅説德當遂非文王高宗爲二臣生呂望傅説爲兩君出也君明臣賢光曜相察上脩下治度數相得顔淵死子曰天喪予子路死子曰天祝予孔子自傷之辭非實然之道也孔子命不王二子壽不長也不王不長所稟不同度數幷放適相應也

〔又問孔篇〕顏淵死子曰噫天喪予此言人將起天與之輔人將廢天將奪其佐（佐本誤作佑今校改）孔子有四友欲因而起顏淵早夭故曰天喪予

顏淵死子哭之慟從者曰子慟矣曰有慟乎非夫人之爲慟而誰爲

〔史記仲尼弟子傳〕見卷十二顏淵篇顏淵問仁章（百七十三葉）

〔論衡問孔篇〕顏淵死子哭之慟門人曰子慟矣吾非斯人之慟而誰爲夫慟哀之至也哭顏淵慟者殊之衆徒哀痛之甚也

〔白虎通辟雍篇〕見卷一學而篇學而時習之章（一葉）

顏淵死門人欲厚葬之子曰不可門人厚葬之子曰回也視予猶父也予不得視猶子也非我也夫二三子也

季路問事鬼神子曰未能事人焉能事鬼敢問死子曰未知生焉知死

〔鹽鐵論論鄒篇〕文學曰堯使禹爲司空平水土隨山刊木定高下而序九州鄒衍非聖人作怪談惑六國之君以納其說此春秋所謂匹夫熒惑諸侯者也孔子曰未能事人焉能事鬼近者不達焉

能知瀛海故無補於用者君子不爲無益於治者君子不由

〔牟子理惑論〕問曰孔子云未能事人焉能事鬼未知生焉知死此聖人之所紀也今佛家輒說生死之事鬼神之務此殆非聖哲之語也夫履道者當虛無澹泊歸志質朴何爲乃道生死以亂志說鬼神之餘事乎牟子曰孔子疾子路不問本末以此抑之耳孝經曰爲之宗廟以鬼享之春秋祭祀以時思之又曰生事愛敬死事哀感豈不教人事鬼神知生死哉周公爲武王請命曰旦多材多藝能事鬼神夫何爲也

閔子侍側誾誾如也子路行行如也冉有子貢侃侃如也子樂若由也不得其死然

〔史記仲尼弟子傳〕見卷十三子路篇子路問政章百九十一葉

〔鹽鐵論殊路篇〕見卷五公治長篇宰予晝寢章六十二葉

〔漢紀六高后紀〕見卷十二顏淵篇司馬牛憂曰章百七十七葉

魯人爲長府閔子騫曰仍舊貫如之何何必改作

〔漢書外戚孝成許皇后傳〕成帝報后曰。君子之道。樂因循而重改作。昔魯人爲長府。閔子騫曰。仍舊貫。如之何。何必改作。蓋惡之也。

〔後漢書郎顗傳〕顗拜章曰。伏見往年以來。園陵數災。炎光熾猛。驚動神靈。易天人應曰。君子不思遵利。茲謂無澤。厥災孽火燒其宮。又曰。君高臺府。犯陰侵陽。厥災火。又曰。上不儉。下不節。炎火幷作。燒居室。自頃繕理西苑。修復太學。宮殿官府。多所搆飾。昔盤庚遷殷。去奢卽儉。夏后卑室。盡力致美。又魯人爲長府。閔子騫曰。仍舊貫。何必改作。臣愚以爲。諸所繕修。事可省減。稟卹貧人。賑贍孤寡。此天之意也。人之慶也。仁之本也。儉之要也。焉有應天養人。爲仁爲儉。而不降福者哉。

子曰。由之瑟。奚爲於丘之門。門人不敬子路。子曰。由也升堂矣。未入於室也。

〔史記仲尼弟子傳〕見卷十三子路篇子路問政章。一百九十一葉

子貢問。師與商也孰賢。子曰。師也過。商也不及。曰。然則師愈與。子曰。過猶不及。

〔史記仲尼弟子傳〕見卷三八佾篇子夏問曰巧笑倩兮章。三十一葉

季氏富於周公。而求也爲之聚斂而附益之。子曰。非吾徒也。小子鳴鼓而攻之

可也。

〔鹽鐵論刺議篇〕文學曰。以正輔人謂之忠。以邪導人謂之佞。夫怫過納善者。君之忠臣。大夫之直士也。孔子曰。大夫有爭臣三人。雖無道不失其家。今子處宰士之列。無忠正之心。枉不能正。邪不能匡。順流以容身。從風以說上。上所言則苟聽。上所行則曲從。若影之隨形。響之於聲。終無所是非。衣儒衣。冠儒冠。而不能行其道。非其儒也。譬若土龍。文章首目具而非龍也。葶歷似菜而味殊。玉石相似而異類。子非孔氏執經守道之儒。乃公卿面從之儒。非吾徒也。冉有爲季氏宰而附益之。孔子曰。小子鳴鼓而攻之可也。故輔桀者不爲智。爲桀斂者不爲仁。

〔論衡答佞篇〕損上益下。忠臣之說也。損下益上。佞人之義也。季氏富於周公。而求也爲之聚斂而附益之。小子鳴鼓而攻之可也。聚斂季氏。不知其惡。不知百姓所共非也。

〔文順鼓篇〕季氏富於周公。而求也爲之聚斂而附益之。孔子曰。非吾徒也。小子鳴而鼓攻之可也。攻者。責也。責讓之也。

〔風俗通聲音篇〕易稱鼓之以雷霆。聖人則之。不知誰所作也。鼓者。郭也。春分之音也。萬物郭皮甲而出。故謂之鼓。周禮六鼓。雷鼓八面。路鼓四面。臯鼓晉鼓皆二面。詩云。鼖鼓其鏜。論語。小子鳴鼓而攻之。可也。

柴也愚。參也魯。師也辟。由也喭。

〔史記仲尼弟子傳〕見本卷上文從我於陳蔡者章。百五十七葉

子曰。回也其庶乎。屢空。賜不受命而貨殖焉。億則屢中。

〔史記仲尼弟子傳〕見本卷上文從我於陳蔡者章。百五十七葉

〔鹽鐵論貧富篇〕見卷七述而篇富而可求也章。九十三葉

〔漢書貨殖傳〕子貢既學於仲尼。退而仕衛。發貯鬻財曹魯之間。七十子之徒。賜最為饒。而顏淵簞食瓢飲。在于陋巷。子貢結駟連騎。束帛之幣。聘享諸侯。所至國君無不分庭與之抗禮。然孔子賢顏淵而譏子貢。曰。回也其庶乎。屢空。賜不受命而貨殖焉。億則屢中。

〔論衡問孔篇〕孔子曰。賜不受命而貨殖焉。億則屢中。何謂不受命乎。說曰。受當富之命。自以術知數億中時也。夫人富貴在天命乎。在人知也。如在天命。知術求之不能得。如在人。孔子何為言死生有

命富貴在天夫謂富不受命而自知術得之貴亦可不受命而自以努力求之世無不受貴命而自得貴亦知無不受富命而得富者成事孔子不得富貴矣周流應聘行說諸侯智窮策困還定詩書望絕無冀稱已矣夫自知無貴命周流無補益也孔子知己不受貴命周流求之不能得而謂賜不受富命而以術知得富言行相違未曉其故或曰欲攻子貢之短也子貢不好道德而徒好貨殖故攻其短欲令窮服而更其行夫攻子貢之短可言賜不好道德而貨殖焉何必言不受命與前言富貴在天相違反也

〔又知實篇〕孔子曰賜不受命而貨殖焉億則屢中非子貢善居積意貴賤之期數得其時故貨殖多富比陶朱然則聖人先知也子貢億數中之類也聖人據象兆原物類意而得之其見變名物博學而識之巧商而善意廣見而多記由微見較若揆之今睹千載

子路問聞斯行諸子曰有父兄在如之何其聞斯行之冉有問聞斯行諸子曰聞斯行之公西華曰由也問聞斯行諸子曰有父兄在求也問聞斯行諸子曰聞斯行之赤也惑敢問子曰求也退故進之由也兼人故退之

〔史記仲尼弟子傳〕見卷五公冶長篇孟武伯問子路仁乎章。五十九葉

〔白虎通三綱六紀篇〕朋友之道。親存不得行者二。不得許友以其身。不得專通財之恩。友飢則白之於父兄。父兄許之乃稱父兄與之。不聽則止。故曰友飢為之減餐。友寒為之不重裘。故論曰有父兄在。如之何其聞斯行之也。

子畏於匡。顏淵後。子曰吾以女為死矣。曰子在。回何敢死。

〔呂氏春秋勸學篇〕故為師之務。在於勝理。在於行義。理勝義立則位尊矣。王公大人弗敢驕也。上至於天子。朝之而不慚。凡遇合也不可必。遺理釋義。以要不可必。而欲人之尊之也。不亦難乎。故師必勝理行義然後尊。曾子曰。君子行於道路。其有父者可知也。其有師者可知也。夫無父而無師者。餘若夫何哉。此言事師之猶事父也。曾點使曾參。過期而不至。人皆見曾點曰。無乃畏耶。曾點曰。彼雖畏。我存。夫安敢畏。孔子畏於匡。顏淵後。孔子曰吾以汝為死矣。顏淵曰。子在。回何敢死。顏回之於孔子也。猶曾參之事父也。古之賢者與。其尊師若此。故師盡智竭道以教。

〔史記孔子世家〕或譖孔子於衛靈公。靈公使公孫余假一出一入。孔子恐獲罪焉。居十月。去衛。將適陳。

過匡。顏淵爲僕。以其策指之曰。昔吾入此由彼缺也。匡人聞之。以爲魯之陽虎。陽虎嘗暴匡人。匡人於是遂止孔子。孔子狀類陽虎。拘焉五日。顏淵後。子曰。吾以汝爲死矣。顏淵曰。子在回何敢死。

〔論衡知實篇〕子畏於匡。顏淵後。孔子曰。吾以汝爲死矣。如孔子先知。當知顏淵必不觸害。匡人必不加悖。見顏淵之來。乃知不死。未來之時。謂以爲死。聖人不能先知。五也。

季子然問仲由冉求可謂大臣與。子曰。吾以子爲異之問。曾由與求之問。所謂大臣者。以道事君。不可則止。今由與求也。可謂具臣矣。曰。然則從之者與。子曰。弒父與君。亦不從也。

〔史記仲尼弟子傳〕子路爲季氏宰。季孫問曰。子路可謂大臣與。孔子曰。可謂具臣矣。

子路使子羔爲費宰。子曰。賊夫人之子。子路曰。有民人焉。有社稷焉。何必讀書然後爲學。子曰。是故惡夫佞者。

〔史記仲尼弟子傳〕高柴字子羔。少孔子三十歲。子羔長不盈五尺。受業孔子。孔子以爲愚。子路使子羔爲費郈宰。孔子曰。賊夫人之子。子路曰。有民人焉。有社稷焉。何必讀書然後爲學。孔子曰。是故惡夫佞者。

〔漢紀二十五成帝紀〕見卷六雍也篇君子博學於文章。八十五葉

〔白虎通社稷篇〕大夫有民其有社稷者。亦爲報功也。禮祭法曰。大夫以下成羣立社曰置社。月令曰。擇元日命民社。論語曰。季路使子羔爲費宰。曰。有民人焉。有社稷焉。

〔論衡問孔篇〕子路使子羔爲費宰。子曰。賊夫人之子。子路曰。有民人焉。有社稷焉。何必讀書然後爲學。子曰。是故惡夫佞者。子路知其不可。苟對自遂。孔子惡之。比夫佞者。

〔又量知篇〕鄭子皮使尹何爲政。子產比於未能操刀使之割也。子路使子羔爲費宰。孔子曰。賊夫人之子。皆以未學不見大道也。

〔又正說篇〕或言秦燔詩書者。燔詩經之書也。其經不燔焉。夫詩經獨燔其詩書五經之總名也。傳曰。男子不讀經。則有博戲之心。子路使子羔爲費宰。孔子曰。賊夫人之子。子路曰。有民人焉。有社稷焉。何必讀書然後爲學。五經總名爲書。傳者不知秦燔書所起。故不審燔書之實。

子路曾晳冉有公西華侍坐。子曰。以吾一日長乎爾。毋吾以也。居則曰。不吾知

也如或知爾則何以哉子路率爾而對曰千乘之國攝乎大國之閒加之以師旅因之以饑饉由也爲之比及三年可使有勇且知方也夫子哂之

〔漢書刑法志〕見卷十三子路篇以不教民戰章二百十四葉

點爾何如鼓瑟希鏗爾舍瑟而作對曰異乎三子者之撰子曰何傷乎亦各言其志也曰暮春者春服既成冠者五六人童子六七人浴乎沂風乎舞雩詠而歸夫子喟然歎曰吾與點也

〔史記仲尼弟子傳〕曾蒧字晳侍孔子孔子曰言爾志蒧曰春服既成冠者五六人童子六七人浴乎沂風乎舞雩詠而歸孔子喟爾嘆曰吾與蒧也

〔白虎通紼冕篇〕所以有冠者何冠者㡊也所以㡊持其髮者也人懷五常莫不貴德示成禮有修飾文章故制冠以飾首別成人也士冠經曰冠而字之敬其名也論語曰冠者五六人童子六七人

〔論衡明雩篇〕曾晳對孔子言其志曰暮春者春服既成冠者五六人童子六七人浴乎沂風乎舞雩詠而歸孔子曰吾與點也魯設雩祭於沂水之上暮春者晚也春謂四月也春服既成謂四月之

服成也。冠者童子。雩祭樂人也。浴乎沂。涉沂水也。象龍之從水中出也。風乎舞雩。風。歌也。詠而饋。詠。歌。饋。祭也。歌詠而祭也。說論之家以爲浴者。浴沂水中也。風。乾身也。周之四月。正歲二月也。尙寒。安得浴而風乾身。由此言之。涉水不浴。雩祭審矣。

〔又祭意篇〕雩之禮。爲民祈穀雨。祈穀實也。春求雨。秋求實。（雨秋求三字本脫今校補）一歲再祀。蓋重穀也。春以二月。秋以八月。故論語曰。暮春者。春服既成。冠者五六人。童子六七人。浴乎沂。風乎舞雩。詠而歸。暮春四月也。周之四月。正歲二月也。

論語古義卷十一竟

論語古義卷十二

長沙 楊樹達撰集

顏淵篇第十二

顏淵問仁。子曰。克己復禮爲仁。一日克己復禮。天下歸仁焉。爲仁由己。而由人乎哉。

〔史記仲尼弟子傳〕顏回者。魯人也。字子淵。少孔子三十歲。顏淵問仁。孔子曰克己復禮。天下歸仁焉。孔子曰。賢哉回也。一簞食。一瓢飲。在陋巷。人不堪其憂。回也不改其樂。回也如愚。退而省其私。亦足以發。回也不愚。用之則行。捨之則藏。唯我與爾有是夫。回年二十九。髮盡白。蚤死。孔子哭之慟。曰。自吾有回。門人益親。魯哀公問。弟子孰爲好學。孔子對曰。有顏回者好學。不遷怒。不貳過。不幸短命死矣。今也則亡。

〔後漢書梁節王暢傳〕和帝詔報暢曰。朕惟王至親之屬。淳淑之美。傅相不良。不能防邪。至令有司紛紛有言。今王深思悔過。端自克責。朕惻然傷之。志匪由于咎。在彼小子。一日克己復禮。天下歸仁。

王其安心靜意。茂率休德。

顏淵曰。請問其目。子曰。非禮勿視。非禮勿聽。非禮勿言。非禮勿動。顏淵曰。回雖不敏。請事斯語矣。

〔韓詩外傳卷十〕吳延陵季子遊於齊。見遺金。呼牧者取之。牧者曰。子居之高。視之下。貌之君子而言之野也。吾有君不君。有友不友。當暑衣裘。君疑取金者乎。延陵子知其爲賢者。請問姓字。牧者曰。子乃皮相之士也。何足語姓字哉。遂去。延陵季子立而望之。不見乃止。孔子曰。非禮勿視。非禮勿聽。

仲弓問仁。子曰。出門如見大賓。使民如承大祭。己所不欲。勿施於人。在邦無怨。在家無怨。

〔史記仲尼弟子傳〕冉雍字仲弓。仲弓問政。孔子曰。出門如見大賓。使民如承大祭。在邦無怨。在家無怨。

司馬牛問仁。子曰。仁者其言也訒。曰。其言也訒。斯謂之仁矣乎。子曰。爲之難。言之得無訒乎。

〔史記仲尼弟子傳〕司馬耕字子牛牛多言而躁問仁於孔子孔子曰仁者其言也訒曰其言也訒斯可謂之仁乎子曰爲之難言之得無訒乎問君子子曰君子不憂不懼曰不憂不懼斯可謂之君子乎曰內省不疚夫何憂何懼

司馬牛問君子子曰君子不憂不懼曰不憂不懼斯謂之君子矣乎子曰內省不疚夫何憂何懼

〔史記仲尼弟子傳〕見前章

〔鹽鐵論和親篇〕見次章君子敬而無失節百七十八葉

司馬牛憂曰人皆有兄弟我獨亡子夏曰商聞之矣死生有命富貴在天

〔漢書外戚班倢伃傳〕鴻嘉三年趙飛燕譖告許皇后班倢伃挾媚道祝詛後宮詈及主上許皇后坐廢考問班倢伃倢伃對曰妾聞死生有命富貴在天修正尚未蒙福爲邪欲以何望使鬼神有知不受不臣之愬如其無知愬之何益故不爲也

〔論衡命祿篇〕白圭子貢轉貨致富積累金玉人謂術善學明主父偃辱賤於齊排擯不用赴闕舉

疏。逐用於漢官至齊相。趙人徐樂亦上書。與偃章會。上善其言。徵拜爲郎。人謂偃之才樂之慧。非也。儒者明說一經。習之京師。明如匡稺圭。深如趙子都。初階甲乙之科。遷轉至郎博士。人謂經明才高所得。非也。而說若范睢之于秦昭。封爲應侯。蔡澤之說范睢。拜爲客卿。人謂睢澤美善所致。非也。皆命祿貴富善至之時也。孔子曰。死生有命。富貴在天。

〔又命義篇〕人之有吉凶。猶歲之有豐耗。命有衰盛。物有貴賤。一歲之中。一貴一賤。一壽之間。一衰一盛。物之貴賤不在豐耗。人之衰盛不在賢愚。子夏曰。死生有命。富貴在天。而不曰死生在天。富貴有命者。何則。死生者。無象在天。以性爲主。稟得堅彊之性。則氣渥厚而體堅彊。堅彊則壽命長。壽命長則不夭死。稟性軟弱者。氣少泊而性羸窳。羸窳則壽命短。短則蚤死。故言有命。命則性也。至於富貴所稟。猶性所稟之氣。得衆星之精。衆星在天。天有其象。得富貴象則富貴。得貧賤象則貧賤。故曰在天。在天如何。天有百官。有衆星。天施氣而衆星布精。天所施氣。衆星之氣在其中矣。人稟氣而生。含氣而長。得貴則貴。得賤則賤。貴或秩有高下。富或貲有多少。皆星位尊卑小大之所授也。

〔又問孔篇〕孔子稱曰。死生有命。富貴在天。若此者。人之死生自有長短。不在操行善惡也。文事。顏

淵蚤死。孔子謂之短命。由此知短命夭死之人未必有邪行也。未字原文無今校補

〔又辨祟篇〕人命存於天。吉凶存於時。命窮操行善。天不能續。命長操行惡。天不能奪。天百神主也。道德仁義。天之道也。戰栗恐懼。天之心也。廢道滅德。賤天之道。險隘恣睢。悖天之意。世間不行道德。莫過桀紂。妄行不軌。莫過幽厲。桀紂不早死。幽厲不夭折。由此言之。逢福獲喜。不在擇日避時。涉禍離福不在觸歲犯月明矣。孔子曰。死生有命。富貴在天。

〔又〕人之生也。精氣育也。人之死者。命窮絕也。人之生未必得吉逢喜。其死獨何爲謂之犯凶觸忌。以孔子證之。以死生論之。則亦知夫百禍千凶。非動作之所致也。孔子聖人知府也。死生大事也。大事道效也。孔子云。死生有命。富貴在天。衆文微言不能奪。俗人愚夫不能易。明矣。

〔漢紀六高后紀〕荀悅曰。夫事物之性。有自然而成者。有待人事而成者。有失人事不成者。有雖加人事終身不可成者。是謂三勢。譬之疾病。有不治能自瘳者。有治之則瘳者。有不治則不瘳者。有雖治而終身不可愈者。豈非類乎。昔虢太子死。扁鵲治而生之。鵲曰。我非能治死爲生也。能使可生者生耳。然太子不遇鵲。亦不生矣。若夫膏肓之疾。雖醫和亦不能治矣。故孔子曰。死生有節。又曰。不得

其死然又曰幸而免死生有節其正理也不得其死未可以死而死幸而免者可以死而不死凡此皆性命三勢之理

〔魏李康運命論〕子夏曰死生有命富貴在天故道之將行也命之將貴也則伊尹呂尙之興於商周百里子房之用於秦漢不求而自得不徼而自遇矣道之將廢也命之將賤也豈獨君子恥之而弗爲乎蓋亦知爲之而弗得矣

君子敬而無失與人恭而有禮四海之內皆兄弟也君子何患乎無兄弟也

〔鹽鐵論和親篇〕文學曰往者通關梁交有無自單于以下皆親漢內附往來長城之下其後王恢誤謀馬邑匈奴絕和親攻當路結禍紛拏而不解兵連而不息邊民不解甲弛弩行數十年介冑而耕耘鉏耰而候望燧燔烽舉丁壯弧弦而出鬬老者超越而入葆言之足以流涕寒心則仁者不忍也詩曰投我以桃報之以李未聞善往而有惡來者故君子敬而無失與人恭而有禮四海之內皆爲兄弟也故內省不疚夫何憂何懼

子張問明子曰浸潤之譖膚受之愬不行焉可謂明也已矣

〔漢書五行志〕傳曰。棄法律。逐功臣。殺太子。以妾爲妻。則火不炎上。火南方揚光輝爲明者也。其於王者南面鄉明而治。書云知人則悊。能官人。故堯舜舉羣賢而命之朝。遠四佞而放諸壄。孔子曰。浸潤之譖膚受之訴不行焉。可謂明矣。

〔又王尊傳〕見本卷下文子張問崇德辨惑章。（百八十四葉）

子貢問政。子曰。足食。足兵。民信之矣。

〔漢書藝文志〕兵家者。蓋出古司馬之職。王官之武備也。鴻範八政。八曰師。孔子曰。爲國者足食足兵。以不敎民戰。是謂棄之。明兵之重也。易曰。古者弦木爲弧。剡木爲矢。弧矢之利。以威天下。其用上矣。

〔魏武帝孫子兵法序〕操聞上古有弧矢之利。論語曰。足食足兵。尚書八政曰師。易曰。師貞丈人吉。詩曰。王赫斯怒。爰征其旅。黃帝湯武咸用干戚以濟世也。司馬法曰。人故殺人。殺之可也。恃武者滅。恃文者亡。夫差偃王是也。聖賢之于兵也。戢而時動。不得已而用之。

〔魏志鄧艾傳〕艾上言曰。國之所急。惟農與戰。國富則兵彊。兵彊則戰勝。然農者勝之本也。孔子曰。

足食足兵食在兵前也上無設爵之勸則下無財富之功今使考績之賞在於積粟富民則交遊之路絕浮華之原塞矣

子貢曰必不得已而去於斯三者何先曰去兵子貢曰必不得已而去於斯二者何先曰去食自古皆有死民無信不立

〔漢書馬宮傳〕莽以太皇太后詔賜宮策曰下君章有司皆以爲四輔之職爲國維綱三公之任鼎足承君不有鮮明固守無以居位如君言至誠可聽惟君之惡在洒心前不敢文過朕甚多之不奪君之爵邑以著自古皆有死之義

〔風俗通正失篇〕傳曰五帝聖焉死三王仁焉死五伯智焉死其隕落崩薨之日不能咸至百年詩云三后在天論語曰古皆沒太史記黃帝葬於橋山騎龍升天豈不怪乎按古皆沒或是異文或是誤記

〔中論夭壽篇〕見卷十五衞靈公篇志士仁人章二百三十九葉

〔魏志王肅傳〕肅上疏曰夫信之於民國家大寶也仲尼曰自古皆有死民非信不立夫區區之晉國微微之重耳欲用其民先示以信是故原雖將降顧信而歸用能一戰而霸于今見稱前車駕當

幸洛陽。發民爲營。有司命以營成而罷。既成。又利其功力。不以時遣。有司徒營其目前之利。不顧經國之體。臣愚以爲自今以後。儻復使民。宜明其令。使必如期。若有事以次。寧復更發。無或失信。

棘子成曰。君子質而已矣。何以文爲。子貢曰。惜乎。夫子之說君子也。駟不及舌。文猶質也。質猶文也。虎豹之鞟。猶犬羊之鞟。

〔漢紀二十五成帝紀〕見卷六雍也篇君子博學於文章。（八十五葉）

哀公問於有若曰。年饑。用不足。如之何。有若對曰。盍徹乎。

〔新語辨惑篇〕夫舉事者或爲善而不稱善。或不善而稱善者。何視之者謬而論之者誤也。故行或合於世。言或順於耳。斯乃阿上之意。從上之旨。操直而乖方。懷曲而合邪。因其剛柔之勢。爲作縱橫之術。故無忤逆之言。無不合之義者。昔哀公問於有若曰。年飢。用不足。如之何。有若對曰。盍徹乎。蓋損上而歸之於下。則忤於耳而不合於意。遂逆而不用也。此所謂正其行而不苟合於世也。有若豈不知阿哀公之意。爲益國之義哉。夫君子直道而行。知必屈辱而不避也。

曰二吾猶不足如之何其徹也對曰百姓足君孰與不足

〔鹽鐵論未通篇〕文學曰什一而藉民之力也豐耗美惡與民共之民窮已不獨衍民衍已不獨勤故曰什一者天下之中正也田雖三十而以頃畝出稅樂歲粒米粱糲而寡取之凶年飢饉而必求足加之以口賦更繇之役率一人之作中分其功農夫悉其所得或假貸而益之是以百姓疾耕力作而飢寒遂及己也築城者先厚其基而求其高畜民者先厚其業而後求其贍論語曰百姓足君孰與不足乎

百姓不足君孰與足

〔漢書谷永傳〕永對曰往年郡國二十一傷於水災禾黍不入今年蠶麥咸惡百川沸騰江河溢決大水泛濫郡國十五有餘比年喪稼時過無宿麥百姓失業流散羣輩守關大異較炳如彼水災浩浩黎庶困窮如此宜損常稅小自潤之時而有司請加賦甚繆經義逆於民心布怨趨禍之道也牡飛之狀殆爲此發古者穀不登虧膳災婁至損服凶年不塈塗明王之制也詩云凡民有喪扶服捄之論語曰百姓不足君孰與足

〔後漢書楊震傳〕震上疏曰。周廣謝惲兄弟與國無肺腑枝葉之屬。依倚近倖姦佞之人。與樊豐王永等分威共權。屬託州郡。傾動大臣。宰司辟召。承望旨意。招來海內貪汙之人。受其貨賂。至有臧錮棄世之徒。復得顯用。白黑溷淆。清濁同源。天下讙譁。咸曰財貨上流。爲朝結譏。臣聞師言。上之所取。財盡則怨。力盡則叛。怨叛之人。不可復使。故曰百姓不足。君誰與足。

〔潛夫論愛日篇〕今自三府以下。至於縣道鄉亭。及從事督郵。有典之司。民廢農桑而守之。辭訟告訴。及以官事應對吏等。一人之（下有脫文）日廢十萬人。復下計之。一人有事。二人獲餉。是爲日三十萬人離其業也。以中農率之。則是歲三百萬口受其饑也。民力不暇。穀何以生。百姓不足。君孰與足。嗟哉。可無思乎。

〔魏志司馬芝傳〕芝奏曰。方今二虜未滅。師旅不息。國家之要。唯在穀帛。武皇帝特開屯田之官。專以農桑爲業。建安中。天下倉廩充實。百姓殷足。自黃初以來。聽諸農治生。各爲部下之計。誠非國家大體所宜也。夫王者以海內爲家。故傳曰。百姓不足。君誰與足。

子張問崇德辨惑。子曰。主忠信。徙義。崇德也。愛之欲其生。惡之欲其死。既欲其生。又欲其死。是惑也。誠不以富。亦祇以異。

〔漢書王尊傳〕湖三老公乘興上書曰。尊以京師廢亂。羣盜並興。選賢徵用。起家爲卿。賊亂既除。豪猾伏辜。卽以佞巧廢黜。一尊之身。三期之間。乍賢乍佞。豈不甚哉。孔子曰。愛之欲其生。惡之欲其死。是惑也。浸潤之譖不行焉。可謂明矣。

齊景公問政於孔子。孔子對曰。君君。臣臣。父父。子子。公曰。善哉。信如君不君。臣不臣。父不父。子不子。雖有粟。吾得而食諸。

〔漢書武五子傳〕壺關三老茂上書曰。臣聞父者猶天。母者猶地。子猶萬物也。故天平地安。陰陽和調。物迺茂成。父慈母愛。室家之中。子迺孝順。陰陽不和。則萬物夭傷。父子不和。則室家喪亡。故父不父則子不子。君不君則臣不臣。雖有粟。吾豈得而食諸。

子曰。片言可以折獄者。其由也與。

〔史記仲尼弟子傳〕見卷十三子路篇子路問政章。百九十一葉

子曰。聽訟。吾猶人也。必也使無訟乎。

〔大戴禮記禮察篇〕凡人之知。能見已然。不能見將然。禮者禁於將然之前。而法者禁於已然之後。是故法之所用易見。而禮之所爲生難知也。若夫慶賞以勸善。刑罰以懲惡。先王執此之正。堅如金石。行此之信。順如四時。據此之功。無私如天地。爾豈顧不用哉。然如曰禮云禮云者。貴絕惡於未萌而起敎於微眇。使民日徙善遠罪而不自知也。孔子曰。聽訟吾猶人也。必也使毋訟乎。此之謂也。漢書賈誼傳同

〔史記酷吏傳〕見卷二爲政篇道之以政章。十二葉

〔鹽鐵論大論篇〕文學曰。孔子曰。聽訟吾猶人也。必也使無訟乎。無訟者難。訟而聽之易。夫不治其本而事其末。古之所謂愚。今之所謂智。以箠楚正亂。以刀筆正文。古之所謂賊。今之所謂賢也。

〔潛夫論愛日篇〕孔子曰。聽訟吾猶人也。從此觀之。中材以上。皆議曲直之辨。刑法之理耳。鄉亭部吏足以斷決。使無怨言。然所以不者。蓋有故焉。

〔又德化篇〕是以上聖不務治民事而務治民心。故曰。聽訟吾猶人也。必也使無訟乎。導之以德。齊之以禮。務厚其情而明其義。民親愛則無相害傷之意。動思義則無姦邪之心。夫若此者。非法律之

所使也非威刑之所彊也此乃教化之所致也

子曰君子成人之美不成人之惡小人反是

〔說苑君道篇〕魯哀公問於孔子曰吾聞君子不博有之乎孔子對曰有之哀公曰何爲其不博也孔子對曰爲其有二乘哀公曰有二乘則何爲不博也孔子曰爲行惡道也哀公懼焉有閒曰若是乎君子之惡惡道之甚也孔子對曰惡惡道不能甚則其好善道亦不能甚好善道不能甚則百姓之親之也亦不能甚詩云未見君子憂心惙惙亦既見止亦既覯止我心則悅詩之好善道之甚也如此哀公曰善哉吾聞君子成人之美不成人之惡微孔子吾焉聞斯言也哉

〔吳志・隲傳〕見卷九子罕篇夫子循循然善誘人節（百三十六葉）

季康子問政於孔子孔子對曰政者正也子帥以正孰敢不正

〔史記公孫弘傳後記〕元后詔曰夫三公者百寮之率萬民之表也未有樹直表而得曲影者也孔子不云乎子率以正孰敢不正舉善而敎不能則勸維漢興以來股肱宰臣身行儉約輕財重義較然著明未有若故丞相平津侯公孫弘者也

〔羣書治要引桓範世要論政務篇〕凡吏之于君。民之于吏。莫不聽其言而則其行。故爲政之務。務在正身。身正于此而民應于彼。詩云。爾之教矣。民胥效矣。是以葉公問政。孔子對曰。子帥以正。孰敢不正。又曰。苟正其身。于從政乎何有。不能正其身。如正人何。故君子爲政。以正己爲先。教禁爲次。若君正于上。則吏不敢邪于下。吏正于下。則民不敢僻于野。國無傾君。朝無邪吏。野無僻民。而政之不善者。未之有也。

季康子患盜。問於孔子。孔子對曰。苟子之不欲。雖賞之不竊。

〔論衡問孔篇〕康子患盜。孔子對曰。苟子之不欲。雖賞之不竊。由此言之。康子以欲爲短也。

〔通典百六十八引夏侯玄肉刑論〕滿堂而聚飲。有一人向隅而泣者。則一堂爲之不樂。此亦願理其平而必以肉刑施之。是仁于當殺而忍於斷割。懼于易犯而安于爲虐。哀泣奚由而息。堂上焉得泰耶。仲尼曰。既富且教。又曰。苟子之不欲。雖賞之不竊。何用斷截乎。

季康子問政於孔子曰。如殺無道以就有道。何如。孔子對曰。子爲政。焉用殺。子欲善而民善矣。君子之德風。小人之德草。草上之風。必偃。

〔漢書地理志〕秦既滅韓。徙天下不軌之民於南陽。故其俗夸奢。上氣力。好商賈漁獵藏匿。難制御也。宣帝時。鄭弘召信臣爲南陽太守。治皆見紀。信臣勸民農桑。去末歸本。郡以殷富。潁川韓都士有申子韓非刻害餘烈。高仕宦。好文法。民以貪遴爭訟生分爲失。韓延壽爲太守。先之以敬讓。黃霸繼之。敎化大行。獄或八年亡重罪囚。南陽好商賈。召父富以本業。潁川好爭訟分異。黃韓化以篤厚。君子之德風也。小人之德草也。信矣。

〔又董仲舒傳〕仲舒對策曰。臣聞命者天之令也。性者生之質也。情者人之欲也。或夭或壽。或仁或鄙。陶冶而成之。不能粹美。有治亂之所生。故不齊也。孔子曰。君子之德風也。小人之德屮也。屮上之風必偃。故堯舜行德則民仁壽。桀紂行暴則民鄙夭。

〔說苑政理篇〕季孫問於孔子曰。如殺無道以就有道。何如。孔子曰。子爲政。焉用殺。子欲善而民善矣。君子之德風也。小人之德草也。草上之風必偃。言明其化而已也。

子張問。士何如斯可謂之達矣。子曰。何哉。爾所謂達者。子張對曰。在邦必聞。在家必聞。子曰。是聞也。非達也。夫達也者。質直而好義。察言而觀色。慮以下人。在

邦必達。在家必達。夫聞也者。色取仁而行違。居之不疑。在邦必聞。在家必聞

〔史記仲尼弟子傳〕見卷二爲政篇子張學干祿章。十九葉

〔漢書王莽傳贊〕王莽始起外戚。折節力行。以要名譽。宗族稱孝。師友歸仁。及其居位輔政。成哀之際。勤勞國家。直道而行。動見稱述。豈所謂在家必聞。在國必聞。色取仁而行違者邪。

樊遲從遊於舞雩之下。曰。敢問崇德。脩慝。辨惑。子曰。善哉問。先事後得。非崇德與。攻其惡。無攻人之惡。非脩慝與。一朝之忿。忘其身。以及其親。非惑與。

〔春秋繁露仁義法篇〕且論已見之。而人不察。曰。君子攻其惡。不攻人之惡。不攻人之惡。非仁之寬與。自攻其惡。非義之全與。此謂之仁造人。義造我。何以異乎。故自稱其惡。謂之情。稱人之惡。謂之責。求諸己。謂之厚。求諸人。謂之薄。

樊遲問仁。子曰。愛人。問知。子曰。知人。樊遲未達。子曰。舉直錯諸枉。能使枉者直。

樊遲退。見子夏。曰。鄉也吾見於夫子而問知。子曰。舉直錯諸枉。能使枉者直。何

謂也。子夏曰。富哉言乎。舜有天下。選於衆。舉皐陶。不仁者遠矣。湯有天下。選於衆。舉伊尹。不仁者遠矣。

〔史記仲尼弟子傳〕見卷十三子路篇樊遲請學稼章。百九十八葉

論語古義卷十二竟

論語古義卷十三

長沙 楊樹達撰集

子路篇第十三

子路問政。子曰。先之勞之。請益。曰。無倦。

〔史記仲尼弟子傳〕仲由字子路。卞人也。少孔子九歲。子路性鄙。好勇力。志伉直。冠雄雞。佩豭豚。陵暴孔子。孔子設禮稍誘子路。子路後儒服委質。因門人請爲弟子。子路問政。孔子曰。先之勞之。請益。曰。無倦。子路問君子尚勇乎。孔子曰。義之爲上。君子好勇而無義則亂。小人好勇而無義則盜。子路有聞。未之能行。唯恐有聞。孔子曰。片言可以折獄者。其由也與。由也好勇過我。無所取材。若由也不得其死然。衣敝緼袍與衣狐貉者立而不恥者。其由也與。由也升堂矣。未入於室也。季康子問仲由仁乎。孔子曰。千乘之國可使治其賦。不知其仁。

仲弓爲季氏宰。問政。子曰。先有司。赦小過。舉賢才。

〔漢書平帝紀〕詔曰。夫赦令者。將與天下更始。誠欲令百姓改行絜己。全其性命也。往者有司多舉奏赦前事，累增罪過，誅陷無辜，殆非重信慎刑洒心自新之意也。及選舉者，其歷職更事有名之士，則以爲難保，廢而弗舉，甚謬於赦小過舉賢材之義。諸有臧及內惡未發而薦舉者，皆勿案驗。令士厲精鄉進，不以小疵妨大材。自今以來，有司無得陳赦前事置奏上。

〔又東方朔傳〕朔答客難曰：故曰水至清則無魚，人至察則無徒。冕而前旒，所以蔽明；黈纊充耳，所以塞聰。明有所不見，聰有所不聞，舉大德，赦小過，無求備於一人之義也。

曰：焉知賢才而舉之？曰：舉爾所知。爾所不知，人其舍諸？

〔魏志崔林傳注引魏名臣表孟達薦王雄疏〕臣聞明君以求賢爲業，忠臣以進善爲效，故易稱拔茅連茹，傳曰舉爾所知。

子路曰：衛君待子而爲政，子將奚先？子曰：必也正名乎。

〔韓詩外傳卷五〕孔子侍坐於季孫，季孫之宰通曰：君使人假馬，其與之乎？孔子曰：吾聞君取於臣謂之取，不曰假。季孫悟，告宰通曰：今以往，君有取謂之取，無曰假。孔子曰：正假馬之言，而君臣之義定矣。論語曰：必也正名乎。詩曰：君子無易由言。名正也。（新序雜事五篇同）

〔史記禮書〕周衰。禮廢樂壞。大小相踰。管仲之家兼備三歸。循法守正者見侮於世。奢溢僭差者謂之顯榮。自子夏門人之高弟也。猶云出見紛華盛麗而說。入聞夫子之道而樂。二者心戰。未能自決。而況中庸以下漸漬於失教被服於成俗乎。孔子曰。必也正名於衞。所居不合。仲尼沒後。受業之徒沉湮而不舉。或適齊楚。或入河海。豈不痛哉。

〔漢紀九景帝紀〕荀悅曰。江都王賜天子旌旗。過矣。夫唯盛德元功有天子之勳。乃受異物。則周公其人也。凡功者有賞而已。孔子曰。必也正名乎。唯器與名不可以假人。人君之所司也。夫名設於外。實應於內。事制於始。志成於終。故王者愼之。

〔申鑒雜言篇〕易稱乾道變化各正性命。是言萬物各有性也。觀其所感而天地萬物之情可見矣。是言情者應感而動者也。昆蟲草木皆有性焉。不盡善也。天地聖人皆稱情焉。不主惡也。又曰。爻象以情言。亦如之。凡情意心志者。皆性動之別名也。情見乎辭。是稱情也。言不盡意。是稱意也。中心好之。是稱心也。以制其志。是稱志也。惟所宜各稱其名而已。情何主惡之有。故曰必也正名。

子路曰。有是哉。子之迂也。奚其正。子曰。野哉。由也。君子於其所不知。蓋闕如也。

名不正則言不順。

〔尹文子大道上篇〕大道無形。稱器有名。名也者。正形者也。形正由名。則名不可差。故仲尼云。必也正名乎。名不正則言不順也。

〔春秋繁露實情篇〕孔子曰。名不正則言不順。今謂性已善。不幾於無教而如其自然。又不順於爲政之道矣。

〔白虎通姓名篇〕人必有名。何所以吐情自紀尊事人者也。論語曰。名不正則言不順。

〔風俗通正失篇〕是故樂正后夔有一足之論。晉師己亥渡河有三豕之文。非夫大聖至明。孰能原析之乎。論語。名不正則言不順。易稱失之毫釐差以千里。故糾其謬曰正失也。

言不順則事不成。

〔鹽鐵論論儒篇〕文學曰。伊尹之干湯。知聖主也。百里之歸秦。知明君也。二君之能知霸王。其冊素形於己。非暗而以冥冥決事也。孔子曰。名不正則言不順。言不順則事不成。如何其苟合而以成霸王也。君子執德秉義而行。故造次必於是。顛沛必於是。孟子曰。居今之朝。不易其俗而成千乘之勢。

不能一朝居也。寧窮飢居於陋巷，安能變己而從俗化。

〔漢書藝文志〕名家者流，蓋出於禮官。古者名位不同，禮亦異數。孔子曰：必也正名乎。名不正，則言不順；言不順，則事不成。此其所長也。及警者爲之，則苟鉤鈲析亂而已。

事不成，則禮樂不興；禮樂不興，則刑罰不中；刑罰不中，則民無所錯手足。

〔漢書刑法志〕見卷　爲政篇道之以政章。十二葉

〔又薛宣傳〕廷尉直議曰：殺人者死，傷人者刑，古今之通道，三代所不易也。孔子曰：必也正名。名不正，則至於刑罰不中；刑罰不中，則民無所錯手足。今以況爲首惡，明手傷爲大不敬，公私無差。春秋之義，原心定罪。原況以父見謗發忿怒，無它大惡。加詆欺，輯小過成大辟，陷死刑，違明詔，恐非法意，不可施行。

〔又王莽傳〕莽下書曰：臨有兄而稱太子，名不正。宣尼公曰：名不正，則言不順，至於刑罰不中，無所錯手足。惟即位以來，陰陽未和，風雨不時，數遇枯旱蝗螟爲災，穀稼鮮耗，百姓苦飢，蠻夷猾夏，寇賊姦宄，人民正營，無所錯手足。深惟厥咎，在名不正焉。其立安爲新遷王，臨爲統義陽王，幾以保全二

子子孫千億。外攘四夷。內安中國焉。

〔後漢書光武帝紀〕建武二年詔曰。頃獄多冤人。用刑深刻。朕甚愍之。孔子云。刑罰不中。則民無所措手足。其與中二千石諸大夫博士議郎議省刑法。

〔又章帝紀〕建初五年詔曰。孔子曰。刑罰不中。則人無所措手足。今吏多不良。擅行喜怒。或案不以罪。迫脅無辜。致令自殺者。一歲且多於斷獄。甚非爲人父母之意也。有司其議糾舉之。

〔又梁統傳〕統對問曰。聞聖帝明王。制立刑罰。故雖堯舜之盛。猶誅四凶。經曰。天討有罪。五刑五庸哉。又曰。爰制百姓于刑之衷。孔子曰。刑罰不衷。則人無所厝手足。衷之爲言。不輕不重之謂也。自高祖之興。至于孝宣。君明臣忠。謀謨深博。猶因循舊章。不輕改革。海內稱理。斷獄益少。至初元建平。所減刑罰百有餘條。而盜賊浸多。歲以萬數。間者三輔從橫。羣輩並起。至燔燒茂陵。火見未央。其後隴西北地西河之賊。越州度郡。萬里交結。攻取庫兵。刼略吏人。詔書討捕。連年不獲。是時以天下無難。百姓安平。而狂狡之勢。猶至於此。皆刑罰不衷。愚人易犯之所致也。

〔又張奮傳〕奮上疏曰。聖人所美。政道至要。本在禮樂。五經同歸。而禮樂之用尤急。孔子曰。安上治民莫善於禮移風易俗莫善於樂又曰揖讓而化天下者禮樂之謂也先王之道禮樂可謂盛矣孔子謂子夏曰禮以修外樂以制內丘已矣夫又曰禮樂不興則刑罰不中刑罰不中則民無所厝其手足臣以爲漢當制作禮樂是以先帝聖德數下詔書愍傷崩缺而衆儒不達議多駁異臣累世台輔而大典未定私竊爲憂不忘寢食臣犬馬齒盡誠冀先死見禮樂之定

故君子名之必可言也言之必可行也君子於其言無所苟而已矣

〔韓詩外傳卷六〕天下之辯有三至五勝而辭置下辯者別殊類使不相害序異端使不相悖輸公通意揚其所謂使人預知焉不務相迷也是以辯者不失所守不勝者得其所求故辯可觀也夫繁文以相假飾飾以相悖數譬以相移外人之身使不得反其意則論便然後害生也夫不疏其指而弗知謂之隱外意外身謂之諱幾廉倚跌謂之移指緣謬辭謂之苟四者所不爲也故理可同睹也夫隱諱移苟爭言競爲而後息不能無害其爲君子也故君子不爲也論語曰君子於其言無所苟而已矣詩曰無易由言無曰苟矣

〔春秋繁露深察名號篇〕春秋辨物之理以正其名名物如其眞不失秋毫之末故名霣石則後其

五言退鷁則先其六聖人之謹於正名如此君子於其言無所苟而已五石六鷁之辭是也

〔史記孔子世家〕是時衞君輒父不得立在外諸侯數以爲讓而孔子弟子多仕於衞衞君欲得孔子爲政子路曰衞君待子而爲政子將奚先孔子曰必也正名乎子路曰有是哉子之迂也何其正也孔子曰野哉由也夫名不正則言不順言不順則事不成事不成則禮樂不興禮樂不興則刑罰不中刑罰不中則民無所錯手足矣夫君子爲之必可名言之必可行君子於其言無所苟而已矣

樊遲請學稼子曰吾不如老農請學爲圃曰吾不如老圃樊遲出子曰小人哉樊須也上好禮則民莫敢不敬上好義則民莫敢不服上好信則民莫敢不用情夫如是則四方之民襁負其子而至矣焉用稼

〔史記仲尼弟子傳〕樊須字子遲少孔子三十六歲樊遲請學稼孔子曰吾不如老農請學圃曰吾不如老圃樊遲出孔子曰小人哉樊須也上好禮則民莫敢不敬上好義則民莫敢不服上好信則民莫敢不用情夫如是則四方之民襁負其子而至矣焉用稼樊遲問仁子曰愛人問智曰知人

子曰誦詩三百授之以政不達使於四方不能專對雖多亦奚以爲

〔漢書藝文志〕從橫家者流。蓋出於行人之官。孔子曰。誦詩三百。使於四方。不能專對。雖多。亦奚以爲。又曰。使乎使乎。言其當權事制宜。受命而不受辭。此其所長也。及邪人爲之。則上詐諼而棄其信。

〔論衡超奇篇〕通書千篇以上。萬卷以下。弘暢雅閑。審定文讀。而以教授爲人師者。通人也。杼其義旨。損益其文句。而以上書奏記。或興論立說。結連篇章者。文人鴻儒也。好學勤力。博聞強識。世間多有。著書表文。論說古今。萬不耐一。然則著書表文。博通所能用之者也。夫通人覽見廣博。不能掇以論說。此爲匿生書主人。孔子所謂誦詩三百。授之以政不達者也。

〔潛夫論愛日篇〕萬官撓民。令長自衒。百姓廢農桑而趨府庭者。非朝晡不得通。非意氣不得見。訟不訟。輒連月日。舉室釋作。以相瞻視。辭人之家。輒請鄰里應對送餉。比事訖竟。亡一歲功。則天下獨有受其饑者矣。而品人俗士之司典者。曾不覺也。郡縣既加冤枉。州司不治。令破家活遠詣公府。公府不能照察眞僞。則但欲罷之以久困之資。故猥設一科。令比滿百日。乃爲移書。其不滿百日。輒更造數。甚遠。邵伯訟棠之義。此所謂誦詩三百。授之以政不達。雖多亦奚以爲者也。

子曰。其身正。不令而行。其身不正。雖令不從。

〔韓詩外傳卷六〕勇士一呼而三軍皆避。士之誠也。昔者楚熊渠子夜行。寢石以爲伏虎。彎弓而射之。沒金飲羽。下視知其爲石。石爲之開。而況人乎。夫倡而不和。動而不僨。中心有不全者。夫夫不降席而匡天下者。求之己也。孔子曰。其身正。不令而行。其身不正。雖令不從。先王之所以拱揖指麾而四方來賓者。誠德之至也。色以形於外也。新序雜事篇四文同

〔淮南子主術訓〕法者非天墮。非地生。發於人間。而反以自正。是故有諸己不非諸人。無諸己不求諸人。所立於下者不廢於上。所禁於民者不行於身。所謂亡國。非無君也。無法也。變法者非無法也。有法者而不用。與無法等。是故人主之立法。先自爲檢式儀表。故令行於天下。孔子曰。其身正。不令而行。其身不正。雖令不從。故禁勝於身。則令行於民矣。

〔史記李廣傳贊〕太史公曰。傳曰。其身正。不令而行。其身不正。雖令不從。其李將軍之謂也。余睹李將軍。悛悛如鄙人。口不能道辭。及死之日。天下知與不知。皆爲盡哀。彼其忠實心。誠信於士大夫也。諺曰。桃李不言。下自成蹊。此言雖小。可以喩大也。

〔新序雜事一篇〕孔子在州里。篤行孝道。居於闕黨。闕黨之子弟畋漁。分有親者得多。孝以化之也。

是以七十二子自遠方至服從其德魯有沈猶氏者旦飲羊飽之以欺市人公愼氏有妻而淫愼潰氏奢侈驕佚魯民之鬻牛馬者善豫賈孔子將爲魯司寇沈猶氏不敢朝飲其羊公愼氏出其妻愼潰氏踰境而徙魯之鬻馬牛不豫賈布正以待之也既爲司寇季孟墮郈費之城齊人歸所侵魯之地由積正之所致也故曰其身正不令而行

〔後漢書第五倫傳〕倫上疏曰又聞諸王主貴戚驕奢踰制京師尚然何以示遠故曰其身不正雖令不從以身教者從以言教者訟

子曰魯衞之政兄弟也

〔史記孔子世家〕於是孔子自楚反乎衞是歲也孔子年六十三而魯哀公六年也其明年吳與魯會繒徵百牢太宰嚭召季康子康子使子貢往然後得已孔子曰魯衞之政兄弟也

子謂衞公子荊善居室始有曰苟合矣少有曰苟完矣富有曰苟美矣

〔白虎通姓氏篇〕見卷三八佾篇王孫賈問曰章三十五葉

子適衞冉有僕

〔風俗通十反篇〕見卷九子罕篇達巷黨人曰章。百三十葉

子曰。庶矣哉。冉有曰。既庶矣。又何加焉。曰。富之。曰。既富矣。又何加焉。曰。教之。

〔春秋繁露仁義法篇〕君子求仁義之別。以紀人我之閒。後辨乎內外之分。而著於順逆之處也。是故內治反理以正身。據禮以勸福。外治推恩以廣施。寬制以容衆。孔子謂冉子曰。治民者先富之而後加教。語樊遲曰。治身者先難後獲。以此之謂治身之與治民所先後者不同焉矣。

〔鹽鐵論授時篇〕賢良曰。周公之相成王也。百姓饒樂。國無窮人。非代之耕織也。易其田疇。薄其稅斂。則民富矣。上以奉君親。下無飢寒之憂。則教可成也。語曰。既富矣。又何加焉。曰。教之。

〔說苑建本篇〕河閒獻王曰。管子稱倉廩實。知禮節。衣食足。知榮辱。夫穀者。國家所以昌熾。士女所以姣好。禮義所以行。而人心所以安也。尚書五福以富爲始。子貢問爲政。孔子曰。富之。既富乃教之也。此治國之本也。

〔潛夫論愛日篇〕孔子稱庶則富之。既富則教之。是故禮義生於富足。盜賊起於貧窮。富足生於寬暇。貧窮起于無日。聖人深知力者乃民之本也。而國之基。故務省役而爲民愛日。

〔通典百六十八引夏侯玄肉刑篇〕見卷十二顏淵篇季康子患盜章百八十七葉

子曰。苟有用我者。期月而已可也。三年有成。

〔史記孔子世家〕衛靈公老怠於政。不用孔子。孔子喟然歎曰。苟有用我者。期月而已。三年有成。孔子行。

〔又儒林傳〕夫周室衰而關雎作。幽厲微而禮樂壞。諸侯恣行。政由彊國。故孔子閔王路廢而邪道興。於是論次詩書。修起禮樂。適齊聞韶。三月不知肉味。自衛返魯。然後樂正。雅頌各得其所。世以混濁莫能用。是以仲尼干七十餘君無所遇。曰苟有用我者。期月而已矣。

〔漢書食貨志〕民三耕則餘一年之畜。衣食足而知榮辱。廉讓生而爭訟息。故三載考績。孔子曰。苟有用我者。期月而已可也。三年有成。成此功也。

〔後漢書何敞傳〕敞奏記宋由曰。今國家秉聰明之弘道。明公履晏晏之純德。君臣相合。天下翕然。治平之化。有望於今。孔子曰。如有用我者。三年有成。今明公視事出入再期。宜當克己以酬四海之心。

〔後漢紀十一章帝紀〕第五倫上疏曰臣聞爲政三年有成。必世而後仁。光武皇帝承王莽之後加嚴猛爲政。因以成俗。是以郡國所舉皆多辦職俗吏。不應寬博之選。

〔意林引風俗通〕牧守長不宜數易。案尚書有考績。孔子曰如有用我者期月而已。三年有成。鄭子產從政三年。民乃歌之。聖賢尙須漸進。況中才乎。數易豈不紛錯道路也。

子曰善人爲邦百年。亦可以勝殘去殺矣。誠哉是言也。

〔史記文帝紀贊〕見次章。

〔漢書刑法志〕見次章。

〔漢紀二十三元帝紀〕見卷十五衞靈公篇知及之節。二百五十七葉

〔藝文類聚二十引孔融聖人優劣論〕見卷八泰伯篇大哉堯之爲君也章。百二十二葉

子曰如有王者。必世而後仁。

〔史記文帝紀贊〕太史公曰孔子言必世然後仁。善人之治國百年。亦可以勝殘去殺。誠哉是言。漢興至孝文四十有餘載。德至盛也。廩廩鄉改正服封禪矣。謙讓未成於今。嗚乎豈不仁哉。

〔漢書刑法志〕孔子曰。如有王者。必世而後仁。善人爲國百年。可以勝殘去殺矣。言聖王承衰撥亂而起。被民以德教。變而化之。必世然後仁道成焉。至於善人。不入於室。然猶百年勝殘去殺矣。此爲國者之程式也。

〔又食貨志〕三考黜陟。餘三年食。進業曰登。再登曰平。餘六年食。三登曰泰平。二十七歲。遺九年食。然後至德流洽。禮樂成焉。故曰。如有王者。必世而後仁。繇此道也。

〔又董仲舒傳〕仲舒對問曰。臣聞堯受命。以天下爲憂。而未以位爲樂也。故誅逐亂臣。務求賢聖。是以得舜禹稷卨咎繇。衆聖輔德。賢能佐職。教化大行。天下和洽。萬民皆安仁樂誼。各得其宜。動作應禮。從容中道。故孔子曰。如有王者。必世而後仁。此之謂也。

〔又平當傳〕當上書曰。臣聞孔子曰。如有王者。必世而後仁。三十年之間。道德和洽。制禮興樂。災害不生。禍亂不作。

〔論衡宣漢篇〕孔子曰。如有王者。必世然後仁。三十年而天下平。漢興至文帝時。二十餘年。賈誼創議。以爲天下洽和。當改正朔服色制度。定官名。興禮樂。夫如賈生之議。文帝時已太平矣。漢興二十餘年。應孔子之言必世然後仁也。

〔後漢書祭肜傳論〕祭肜武節剛方。動用安重。雖條侯穰苴之倫不能過也。且臨守偏海。政移獷俗。徼人請符以立信。胡貊數級於郊下。至乃臥鼓邊亭。滅烽幽障者將三十年。古所謂必世而後仁。豈不然哉。

〔後漢紀十一章帝紀〕見本卷上文苟有用我者章。二百零四葉

〔藝文類聚二十引孔融人優劣論〕見卷八泰伯篇大哉堯之爲君也章。百二十二葉

子曰。苟正其身矣。於從政乎何有。不能正其身。如正人何。

〔羣書治要引桓範世要論政務篇〕見卷十二顏淵篇季康子問政於孔子章。百八十六葉

冉子退朝。子曰。何晏也。對曰。有政。子曰。其事也。如有政。雖不吾以。吾其與聞之。

〔鹽鐵論刺議〕丞相史曰。山林不讓椒桂以成其崇。君子不辭負薪之言以廣其名。故多見者博。多聞者知。距諫者塞。專己者孤。故謀及下者無失策。擧及衆者無頓功。詩云。詢于芻蕘。故布衣皆得風議。況公卿之史乎。春秋士不載文而書咺者。以爲宰士也。孔子曰。雖不吾以。吾其與聞諸。

定公問。一言而可以興邦。有諸。

(後漢書邳彤傳論)凡言成事者。以功著易顯。謀幾初者。以理隱難昭。斯固原情比迹。所宜推察者也。若乃議者欲因二郡之衆。建入關之策。委成業。臨不測。而世主未悟。謀夫景同。邳彤之廷對。其爲幾乎語曰。一言可以興邦。斯近之矣。

孔子對曰。言不可以若是其幾也。人之言曰。爲君難。爲臣不易。如知爲君之難也。不幾乎一言而興邦乎。

(吳志張温傳)駱統表理温曰。昔賈誼至忠之臣也。漢文大明之君也。然而絳灌一言。賈誼遠退。何者。疾之者深。譖之者巧也。然而誤聞於天下。失彰於後世。故孔子曰。爲君難。爲臣不易也。

(羣書治要引桓範世要論爲君難篇)或曰。仲尼稱爲君難。夫人君者。處尊高之位。執賞罰之柄。用人之才。因人之力。何爲不成。何求不得。功立則受其功。治成則厚其福。故官人舜也。治水禹也。稼穡棄也。理訟臯陶也。堯無事焉。而由之聖治。何爲君難邪。曰。此其所以爲難也。夫日月光照于晝夜。風雨動潤于萬物。陰陽代以生殺。四時迭以成歲。不見天事而猶貴之者。其所以運氣陶演協和施化。

皆天之爲也。是以天萬物之覆。君萬物之載也。懷生之類有不浸潤于澤者。天以爲負。員首之民有不霑濡于惠者。君以爲恥。

〔又臣不易篇〕昔孔子言爲臣不易。或人以爲易。言人臣之事君。供職奉命。敕身恭己。忠順而已。忠則獲寵安之福。順則無危辱之憂。曷爲不易哉。此言似易。論之甚難。夫君臣之接。以愚奉智。不易以明事闇。爲難。唯以賢事賢。以聖事聖。爲可。然賢聖相遭。旣稀又周公之于成王。猶未能得斯誠。不易也。且父子以恩親。君臣以義固。恩有所爲虧。況義能無所爲缺哉。苟有虧缺。亦何容易。

曰一言而喪邦。有諸。孔子對曰。言不可以若是其幾也。人之言曰。予無樂乎爲君。唯其言而莫予違也。如其善而莫之違也。不亦善乎。如不善而莫之違也。不幾乎一言而喪邦乎。

〔韓非子難一篇〕晋平公與羣臣飲。飲酣。乃喟然歎曰。莫樂爲人君。惟其言而莫之違。師曠侍坐於前。援琴撞之。公披衽而避。琴壞於壁。公曰。太師誰撞。師曠曰。今者有小人言於側者。故撞之。公曰。寡人也。師曠曰。啞。是非君人者之言也。左右請除之。公曰。釋之。以爲寡人戒。

〔申鑒雜言上篇〕君子食和羹以平其氣。聽和聲以平其志。納和言以平其政。履和行以平其德。夫酸鹹甘苦不同。嘉味以濟。謂之和羹。宮商角徵不同。嘉音以章。謂之和聲。臧否損益不同。中正以訓。謂之和言。趨舍動靜不同。雅度以平。謂之和行。人之言曰。唯其言而莫予違也。則幾於喪國焉。孔子曰。君子和而不同。

葉公語孔子曰。吾黨有直躬者。其父攘羊。而子證之。

〔呂氏春秋仲冬紀〕楚有直躬者。其父竊羊而謁之上。上執父而將誅之。直躬者請代之。將誅矣。告吏曰。父竊羊而謁之。不亦信乎。父誅而代之。不亦孝乎。信且孝而誅之。國將有不誅者乎。荊王聞之。乃不誅也。

〔韓非子五蠹篇〕楚之有直躬。其父竊羊而謁之吏。令尹曰。殺之。以爲直於君而曲于父。執而罪之。

孔子曰。吾黨之直者異於是。父爲子隱。子爲父隱。直在其中矣。

〔韓詩外傳卷二〕楚昭王有士曰石奢。其爲人也。公而好直。王使爲理。於是道有殺人者。石奢追之。則父也。還反於廷曰。殺人者。臣之父也。以父成政。非孝也。不行君法。非忠也。以死罪生。不廉也。君欲赦之上之惠也臣不能失法下之義也遂不去鈇鑕刎頸而死乎廷君子聞之曰貞夫法哉石先生乎孔子曰子爲父隱父爲子隱直在其中矣詩曰彼己之子邦之司直石先生之謂也（新序節士篇同）

〔漢書宣元六王傳〕元帝璽書賜東平王太后曰夫福善之門莫美於和睦患咎之首莫大於內離今東平王出襁褓之中而託於南面之位加以年齒方剛涉學日寡驁忽臣下不自它於太后以是之間能無失禮義者其唯聖人乎傳曰父爲子隱直在其中矣王太后明察此意不可不詳閨門之內母子之間同氣異息骨肉之恩豈可忽哉豈可忽哉

〔列女傳節義傳〕珠崖二義者珠崖令之後妻及前妻之女也女名初年十三珠崖多珠繼母連大珠以爲繫臂及令死當送喪法內珠入於關者死繼母棄其繫臂珠其子男年九歲好而取之置之母鏡奩中皆莫之知遂奉喪歸至海關關候士吏搜索得珠十枚於繼母鏡奩中吏曰嘻此値法無可奈何誰當坐者初在左右顧心恐母去置鏡奩中乃曰初當坐之吏曰其狀何如對曰君不幸夫人解繫臂棄之初心惜之取而置夫人鏡奩中夫人不知也繼母聞之遽疾行問初初曰夫人所棄

珠。初復取之置夫人奩中。初當坐之。母意亦以初爲實。然憐之。乃因謂吏曰。願且待。幸無劾兒。兒誠不知也。此珠妾之繫臂也。君不幸。妾解去之而置奩中。迫奉喪。道遠。與弱小俱。忽然忘之。妾當坐之。初固曰。實初取之。繼母又曰。兒但讓耳。實妾取之。因涕泣不能自禁。女亦曰。夫人哀初之孤。欲強活初身。夫人實不知也。又因哭泣。泣下交頸。送葬者盡哭。哀動傍人。莫不爲酸鼻揮涕。關吏執筆書劾。不能就一字。關候垂泣。終日不能忍決。乃曰。母子有義如此。吾寧坐之。不忍加文。且有相讓。安知孰是。遂棄珠而遣之。既去後。乃知男獨取之也。君子謂二義慈孝。論語曰。父爲子隱。子爲父隱。直在其中矣。若繼母與假女推讓爭死。哀感傍人。可謂直耳。

〔白虎通諫爭篇〕君不爲臣隱。父獨爲子隱。何以爲父子一體。榮恥相及。故論語曰。父爲子隱。子爲父隱。直在其中矣。

子貢問曰。何如斯可謂之士矣。子曰。行己有恥。使於四方。不辱君命。可謂士矣。

〔韓詩外傳卷八〕越王句踐使廉稽獻民於荆王。荆王使者曰。越夷狄之國也。臣請欺其使者。荆王曰。越王賢人也。其使者亦賢。子其愼之。使者出見廉稽曰。冠則得以俗見。不冠不得見。廉稽曰。夫越亦周室之列封也不得處於大國而處江海之陂與魭鱣魚鼈爲伍文身翦髮而後處焉今來至上國必曰冠得俗見不冠不得見如此則上國使適越亦將劓墨文身翦髮而後得以俗見可乎荊王聞之披衣出謝孔子曰使於四方不辱君命可謂士矣

〔漢書蘇武傳贊〕見卷十五衞靈公篇志士仁人無求生以害仁章（二百三十八葉）

子曰不得中行而與之必也狂狷乎狂者進取狷者有所不爲也

〔孟子盡心下篇〕見卷五公冶長篇子在陳曰章（六十六葉）

〔漢書楊王孫傳贊〕昔仲尼稱不得中行則思狂狷觀楊王孫之志賢於秦始皇遠矣

〔後漢書獨行傳〕孔子曰與其不得中庸必也狂狷乎又云狂者進取狷者有所不爲也此蓋失於周全之道而取諸偏至之端者也然則有所不爲亦將有所必爲者矣既云進取亦將有所不取者矣如此性尙分流爲否異適矣

子曰南人有言曰人而無恆不可以作巫醫善夫不恆其德或承之羞子曰不占而已矣

〔禮記緇衣篇〕子曰。南人有言曰。人而無恆。不可以爲卜筮。古之遺言與。龜筮猶不能知也。而況於人乎。詩云。我龜既厭。不我告猶。兌命曰。爵無及惡德。民立而正事。純而祭祀。是爲不敬。事煩則亂。事神則難。易曰。不恆其德。或承之羞。恆其德偵。婦人吉。夫子凶。

子曰。君子和而不同。小人同而不和。

〔申鑒雜言上篇〕見本卷上文曰一言而喪邦有諸節。二百零九葉

子貢問曰。鄉人皆好之。何如。子曰。未可也。鄉人皆惡之。何如。子曰。未可也。不如鄉人之善者好之。其不善者惡之。

〔論衡定賢篇〕子貢問曰。鄉人皆好之何如。孔子曰。未可也。鄉人皆惡之何如。曰。未可也。不若鄉人之善者好之。其不善者惡之。夫如是稱譽多而小大皆言善者。非賢也。善人稱之。惡人毀之。毀譽者半。乃可有賢。

子曰。君子易事而難說也。說之不以道。不說也。

〔荀子大略篇〕知者明於事。達於數。不可以不誠事也。故曰。君子難說。說之不以道。不說也。

及其使人也。器之。

〔蜀志李恢傳〕章武元年。庲降都督鄧方卒。先主問恢。誰可代者。恢對曰。人之才能各有長短。故孔子曰。其使人也器之。且夫明主在上。則臣下盡情。是以先零之役。趙充國曰。莫若老臣。臣竊不自揆。惟陛下察之。先主笑曰。孤之本意亦已在卿矣。遂以恢爲庲降都督。

子曰。剛毅木訥近仁。

〔後漢書吳漢傳論〕吳漢自建武世常居上公之位。終始倚愛之親。諒由質簡而彊力也。子曰。剛毅木訥近仁。斯豈漢之方乎。昔陳平智有餘以見疑。周勃質朴忠而見信。夫仁義不足以相懷。則智者以有餘爲疑。而朴者以不足見信矣。

子曰。以不教民戰。是謂棄之。

〔春秋穀梁傳僖二十八年〕夏五月庚寅。宋公茲父卒。茲父之不葬。何也。失民也。其失民何也。以其不教民戰。則是棄其師也。爲人君而棄其師。其民孰以爲君哉。

〔漢書刑法志〕二伯之後。寖以陵夷。至魯成公作丘甲。哀公用田賦。搜狩治兵大閱之事皆失其正。

春秋書而譏之。以存王道。於是師旅亟動。百姓罷敝。無伏節死難之誼。孔子傷焉。曰以不教民戰。是謂棄之。故稱子路曰。由也。千乘之國。可使治其賦也。而子路亦曰。千乘之國。攝虖大國之閒。加之以師旅。因之以饑饉。由也爲之。比及三年。可使有勇且知方也。治其賦兵教以禮誼之謂也。

〔又藝文志〕見卷十二顏淵篇子貢問政章。百七十九葉

〔白虎通辟雍篇〕古者教民者。里皆有師。里中之老有道德者。爲里右師。其次爲左師。教里中之子弟以道藝孝悌仁義。立春而就事。朝則坐於里之門。餘子皆出就農而後罷。夕亦如之。皆入而後罷。其有出入不時。早晏不節。有過。故使語之言心無由生也。此處文有奪誤若旣收藏。皆入教學。其有賢才美質知學者。足以開其心。頑鈍之民。亦足以別於禽獸而知人倫。故無不教之民。孔子曰。以不教民戰。謂棄之。明無不教民也。

〔又三教篇〕教者何謂也。教者效也。上爲之。下效之。民有質樸。不教而成。故孝經曰。先王見教之可以化民。論語曰。不教民戰。是謂棄之。

〔後漢書傅燮傳〕耿鄙率六郡兵討金城賊王國韓遂等。燮知鄙失衆必敗。諫曰。使君統政日淺。人

未知教孔子曰不教人戰是謂棄之今率不習之人越大隴之阻將十舉十危而賊聞大軍將至必萬人一心邊兵多勇其鋒難當而新合之衆上下未和萬一內變雖悔無及不若息軍養德明賞必罰賊得寬挺必謂我怯羣惡爭執其離可必然後率已教之人討已離之賊其功可坐而待也

〔又鄭太傅〕太對董卓曰今山東合謀州郡連結人庶相動非不強盛然光武以來中國無警百姓優逸忘戰日久仲尼有言不教人戰是謂棄之其衆雖多不能爲害

〔申鑒時事篇〕孝武皇帝以四夷未賓寇賊姦宄初置武功賞官以寵戰士若今依此科而崇其制置尚武之官以司馬兵法選位秩比博士講司馬之典簡蒐狩之事掌軍功爵賞小統於五校大統於太尉既周時務禮亦宜之周之末葉兵革繁矣莫亂於秦民不荒殄今國家忘戰日久每寇難之作民瘁幾盡不教民戰是謂棄之信也

〔羣書治要引陸景典語〕孔子曰不教民戰是謂棄之司馬法曰國雖大好戰必亡天下雖安忘戰必危明用武有時

論語古義卷十三竟

論語古義卷十四

長沙 楊樹達撰集

憲問篇第十四

憲問恥。子曰。邦有道穀。邦無道穀。恥也。克伐怨欲不行焉。可以爲仁矣。子曰。可以爲難矣。仁則吾不知也。

〔史記仲尼弟子傳〕原憲字子思。子思問恥。孔子曰。國有道穀。國無道穀。恥也。子思曰。克伐怨欲不行焉。可以爲仁乎。孔子曰。可以爲難矣。仁則吾弗知也。孔子卒。原憲亡在草澤中。子貢相衛。而結駟連騎。排藜藿入窮閻。過謝原憲。憲攝敝衣冠見子貢。子貢恥之曰。夫子豈病乎。原憲曰。吾聞之。無財者謂之貧。學道而不能行者謂之病。若憲貧也。非病也。子貢慙。不懌而去。終身恥其言之過也。

子曰。有德者必有言。有言者不必有德。仁者必有勇。勇者不必有仁。

〔白虎通性情篇〕膽者。肝之府也。肝者。木之精也。主仁。仁者不忍。故以膽斷焉。是以仁者必有勇也。

〔後漢書梁統傳〕臣聞立君之道。仁義爲主。仁者愛人。義者政理。愛人以除殘爲務。政理以去亂爲心。刑罰在夷。無取於輕。是以五帝有流殛放殺之誅。三王有大辟刻肌之法。故孔子稱仁者必有勇。

南宮适問於孔子曰。羿善射。奡盪舟。俱不得其死然。禹稷躬稼而有天下。夫子不答。南宮适出。子曰。君子哉若人。尚德哉若人。

〔史記仲尼弟子傳〕南宮括字子容。問孔子曰。羿善射。奡盪舟。俱不得其死然。禹稷耕稼而有天下。孔子弗答。容出。孔子曰。君子哉若人。上德哉若人。國有道不廢。國無道免於刑戮。三復白珪之玷。以其兄之子妻之。

〔潛夫論五德志篇〕於是后羿自鉏遷於窮石。因夏民以代夏政。滅相。妃后緡方娠。逃出自竇。奔於有仍。生少康焉。爲仍牧正。羿恃己射也。不修民事。而淫於原獸。棄武羅伯因熊髡尨圉。而用寒浞。浞柏明氏讒子弟也。柏明氏惡而棄之。夷羿收之。信而使之。以爲己相。浞行媚於內。施賂於外。愚弄於民。虞羿於田。樹之詐慝。以取其國家。外內咸服。羿猶不悛。將歸自田。家衆殺而烹之。以食其子。子不忍食諸。死於窮門。靡奔於有鬲氏。浞因羿室。生澆及豷。恃其讒慝詐僞。而不德於民。使澆用師。滅斟灌及斟尋氏。處豷於過。處澆於戈。使椒求少康。逃奔有虞。爲之胞正。虞思妻以二妃。而邑諸綸。有田一成。有衆一旅。能布其德而兆其謀以收夏衆。撫其官職。靡自有鬲收二國之燼。以滅浞而立少康焉。乃使女艾諜澆。使后杼誘豷。遂滅過戈。復禹之績。澆才力蓋衆。驟其武勇而卒以亡。故南宮括曰。羿善射。奡盪舟。俱不得其死也。

子曰。愛之能勿勞乎。忠焉能勿誨乎。

〔鹽鐵論授時篇〕大夫曰。縣官之於百姓。若慈父之於子也。忠焉能勿誨乎。愛之而勿勞乎。故春親耕以勸農。賑貸以贍不足。通滈水。出輕繫。使民務時也。

〔白虎通諫諍篇〕臣所以有諫君之義。何。盡忠納誠也。論語曰。愛之能勿勞乎。忠焉能勿誨乎。

〔吳志步隲傳〕權太子登與隲書曰。夫賢人君子所以興隆大化。佐理時務者也。受性闇蔽。不達道數。雖實區區欲盡心於明德。歸分於君子。至於遠近士人。先後之宜。猶或緬焉。未之能詳。傳曰。愛之能勿勞乎。忠焉能勿誨乎。斯其義也。豈非所望於君子哉。

子曰。孟公綽爲趙魏老則優。不可以爲滕薛大夫。

〔牟子理惑論〕夫長左者必短右。大前者必狹後。公綽爲趙魏老則優。不可以爲滕薛大夫。

〔魏志武帝紀〕十五年春下令曰。今天下尚未定。此特求賢之急時也。孟公綽爲趙魏老則優。不可以爲滕薛大夫。若必廉士而後可用。則齊桓其何以霸世。今天下得無有被褐懷玉而釣於渭濱者乎。又得無盜嫂受金而未遇無知者乎。二三子其佐我明揚仄陋。唯才是舉。吾得而用之。

子問公叔文子於公明賈曰。信乎。夫子不言不笑不取乎。公明賈對曰。以告者過也。夫子時然後言。人不厭其言。樂然後笑。人不厭其笑。義然後取。人不厭其取。子曰。其然。豈其然乎。

〔漢書東方朔傳〕隆慮公主子昭平君尚帝女夷安公主。隆慮主病困。以金千斤錢千萬爲昭平君豫贖死罪。上許之。隆慮主卒。昭平君日驕。醉殺主傅。獄繫內官。以公主子。廷尉上請請論。左右人人爲言。前又入贖。陛下許之。上曰。吾弟老有是一子。死以屬我。於是爲之垂涕歎息良久曰。法令者先帝所造也。用弟故而誣先帝之法。吾何面目入高廟乎。又下負萬民。乃可其奏。哀不能自止。左右盡悲。朔前上壽曰。臣聞聖王爲政。賞不避仇讎。誅不擇骨肉。書曰。不偏不黨。王道蕩蕩。此二者。五帝所重。三王所難也。陛下行之。是以四海之內元元之民各得其所。天下幸甚。臣朔奉觴昧死再拜上萬歲壽。上乃起入省中夕時。召讓朔曰。傳曰。時然後言。人不厭其言。今先生上壽時乎。朔免冠頓首曰。臣聞樂太甚則陽溢。哀太甚則陰損。陰陽變則心氣動。心氣動則精神散而邪氣及。銷憂者莫若酒。臣朔所以上壽者。明陛下正而不阿。因以止哀也。愚不知忌諱。當死。

〔論衡儒增篇〕論語曰。孔子問公叔文子於公明賈曰。信乎夫子不言不笑不取乎。公明賈對曰。以告者過也。夫子時然後言。人不厭其言也。樂然後笑。人不厭其笑也。義然後取。人不厭其取也。子曰。豈其然乎。豈其然乎。夫公叔文子實時言時笑義取。人傳說稱之。言其不言不笑不取也。俗言竟增之也。

〔又知實篇〕孔子問公叔文子於公明賈曰。信乎夫子不言不笑不取。有諸。對曰。以告者過也。夫子時然后言。人不厭其言。樂然後笑。人不厭其笑。義然后取。人不厭其取。孔子曰。豈其然乎。豈其然乎。天下之人有如伯夷之廉。不取一芥於人。未有不言不笑者也。孔子既不能如心揣度以決然否。心怪不信。又不能達視遙見以審其實。問公明賈乃知其情。孔子不能先知一也。

子曰。晉文公譎而不正。齊桓公正而不譎。

〔漢書鄒陽傳〕陽說王長君曰。魯哀姜薨於夷。孔子曰。齊桓公正而不譎。以爲過也。

〔鹽鐵論遵道篇〕丞相史曰。晉文公譎而不正。齊桓公正而不譎。所由不同。俱歸於霸。而必隨古不革。襲故不改。是文質不變。而椎車尚在也。故或作之。或述之。然後法令調於民。而器械便於用也。孔對三君殊意。晏子相三君異道。非苟相反。所務之時異也。

〔風俗通皇霸篇〕見下章。

子貢曰。管仲非仁者與。桓公殺公子糾。不能死。又相之。子曰。管仲相桓公。霸諸侯。一匡天下。民到於今受其賜。

〔白虎通號篇〕霸者伯也。行方伯之職。會諸侯。朝天子。不失人臣之義。故聖人與之。非明王云法不張。霸猶迫也。把也。迫脅諸侯。把持王政。論語曰。管仲相桓公。霸諸侯。

〔風俗通皇霸篇〕齊桓九合。一匡。率成王室。責彊楚之罪。復菁茅之貢。晉文爲踐土之盟。修朝聘之禮。納襄冠帶。翼戴天子。孔子稱民到於今受其賜。又曰。齊桓正而不譎。晉文譎而不正。

微管仲。吾其被髮左衽矣。

〔漢書韋玄成傳〕及至幽王．犬戎來伐．殺幽王．取宗器．自是之後．南夷與北夷交侵．中國不絕如綫．春秋紀齊桓南伐楚．北伐山戎．孔子曰．微管仲．吾其被髮左衽矣．是故棄桓之過而錄其功．以爲伯首．

〔劉向管子敍錄〕其爲政也．善因禍爲福．轉敗爲功．貴輕重．愼權衡．桓公怒少姬．南襲蔡．管仲因伐楚．責包茅不入貢於周室．桓公北征山戎．管仲因而令燕修召公之政．柯之會．桓公背曹沫之盟．管仲因而信之．諸侯歸之．管仲聘於周．不敢受上卿之命．以讓高國．是時諸侯爲管仲城穀以爲之乘邑．春秋書之．褒賢也．管仲富擬公室．有三歸反坫．齊人不以爲侈．管子卒．齊國遵其政．常彊於諸侯．孔子曰．微管仲．吾其被髮左衽矣．

〔論衡感類篇〕周衰．諸侯背畔．管仲九合諸侯．一匡天下．孔子曰．微管仲．吾其被髮左衽矣．使無管仲．不合諸侯．夷狄交侵．中國絕滅．此無管仲有所傷也．

〔中論智行篇〕且管仲背君事讎．奢而失禮．使桓公有九合諸侯一匡天下之功．仲尼稱之曰．微管仲．吾其被髮左衽矣．召忽伏節死難．人臣之美義也．仲尼比爲匹夫匹婦之爲諒矣．是故聖人貴才智之特能立功立事益於世矣。

豈若匹夫匹婦之爲諒也自經於溝瀆而莫之知也。

〔白虎通爵篇〕庶人稱匹夫者。匹偶也。與其妻爲偶。陰陽相成之義也。一夫一婦成一室。明君人者不當使男女有過失時無匹偶也。故論語曰匹夫匹婦。

〔後漢書應劭傳〕劭議曰。殺人者死。傷人者刑。此百王之定制。有法之成科。高祖入關。雖尚約法。然殺人者死。亦無寬降。夫時化則刑重。時亂則刑輕。書曰。刑罰時輕時重。此之謂也。今次玉公以淸時釋其私憾。阻兵安忍。僵屍道路。朝恩在寬。幸至冬獄。而初軍愚狷。妄自投斃。昔召忽親死子糾之難。而孔子曰。經於溝瀆。人莫之知。朝氏之父非錯刻峻。遂能自隕其命。班固亦云。不如趙母指括以全其宗。傳曰。僕妾感慨而致死者。非能義勇。顧無慮耳。

〔意林引風俗通〕論語云。匹夫匹婦。傳云。一晝一夜成一日。一男一女成一室。案古人男女作衣用二匹。令人單衣。故言匹夫。

〔中論智行篇〕見前節。

子曰其言之不怍則爲之也難

〔後漢書皇甫規傳〕論曰孔子稱其言之不怍則爲之也難察皇甫規之言其心不怍哉夫其審己則干祿見賢則委位故干祿不爲貪而委位不求讓稱己不疑伐而讓人無懼情故能功成於戎狄身全於邦家也

陳成子弑簡公孔子沐浴而朝告於哀公曰陳恆弑其君請討之公曰告夫三子孔子曰以吾從大夫之後不敢不告也

〔左傳哀公十四年〕六月甲午齊陳恆弑其君壬于舒州孔丘三日齊而請伐齊三公曰魯爲齊弱久矣子之伐之將若之何對曰陳恆弑其君民之不與者半以魯之衆加齊之半可克也公曰子告季孫孔子辭退而告人曰吾以從大夫之後也故不敢不言

〔白虎通誅伐篇〕上無天子下無方伯諸侯有相滅亡者力能救之則救之可也論語曰陳恆弑其君孔子沐浴而朝請討之

子曰君子上達小人下達

〔意林引風俗通〕論語云君子上達臧孫紇曰後有達者將在孔丘乎

子曰古之學者爲己今之學者爲人

〔後漢書桓榮傳〕論曰伏氏自東西京相襲爲名儒以取爵位中興而桓氏尤盛自榮至典世宗其道父子兄弟代作帝師受其業者皆至卿相顯乎當世孔子曰古之學者爲己今之學者爲人爲人者憑譽以顯物爲己者因心以會道桓榮之累世見宗豈其爲己乎

蘧伯玉使人於孔子孔子與之坐而問焉曰夫子何爲對曰夫子欲寡其過而未能也使者出子曰使乎使乎

〔漢書藝文志〕見卷十三子路篇誦詩三百章（百九十九葉）

〔論衡問孔篇〕蘧伯玉使人於孔子孔子曰夫子何爲乎對曰夫子欲寡其過而未能也使者出孔子曰使乎使乎非之也說論語者曰非之者非其代人謙也夫孔子之問使者曰夫子何爲問所治爲非問操行也如孔子之問也使者宜對曰夫子爲某事治某政今反言欲寡其過而未能也

〔初學記二十引魏武帝選舉令〕夫遣人使於四方古人所愼擇也故仲尼曰使乎使乎言其難也

曾子曰。君子思不出其位。

〔風俗通十反篇〕見卷六雍也篇子游爲武城宰章。七十七葉

子曰。君子恥其言而過其行。

〔潛夫論交際篇〕世有可患者三。三者何。曰情實薄而辭稱厚。念實忽而文想優。懷不來而外克期。不信則懼失賢。信之則詿誤人。此俗士可厭之甚者也。是故孔子疾夫言之過其行者。

子貢方人。子曰。賜也賢乎哉。夫我則不暇。

〔魏志王昶傳〕見卷十五衞靈公篇吾之於人也章。二百四十九葉

子曰。不逆詐。不億不信。抑亦先覺者。是賢乎。

〔後漢書郭躬傳〕又有兄弟共殺人者。而罪未有所歸。帝以兄不訓弟。故報兄重而減弟死。中常侍孫章宣詔。誤言兩報重。尙書奏章矯制。罪當腰斬。帝復召躬問之。躬對章應罰金。帝曰。章矯詔殺人。何謂罰金。躬曰。法令有故誤。章傳命之繆。於事爲誤。誤者其文則輕。帝曰。章與囚同縣。疑其故也。躬曰。周道如砥。其直如矢。君子不逆詐。君王法天。刑不可以委曲生意。帝曰。善。

或曰以德報怨何如子曰何以報德以直報怨以德報德

〔漢書卜式傳〕武帝下詔曰朕聞報德以德報怨以直今天下不幸有事郡縣諸侯未有奮繇直道者也齊相雅行躬耕隨牧畜蕃輒分昆弟更造不爲利惑日者北邊有興上書助官往年西河歲惡率齊人入粟今又首奮雖未戰可謂義形於內矣

子曰莫我知也夫子貢曰何爲其莫知子也子曰不怨天不尤人下學而上達知我者其天乎

〔史記孔子世家〕及西狩獲麟曰吾道窮矣喟然歎曰莫我知夫子貢曰何爲莫知子子曰不怨天不尤人下學而上達知我者其天乎不降其志不辱其身伯夷叔齊乎謂柳下惠少連降志辱身矣謂虞仲夷逸隱居放言行中清廢中權我則異於是無可無不可子曰弗乎弗乎君子病沒世而名不稱焉吾道不行矣吾何以自見於後世哉乃因史記作春秋

〔漢書儒林傳〕見卷七述而篇述而不作章（八十九葉）

〔說苑至公篇〕夫子行說七十諸侯無定處意欲使天下之民各得其所而道不行退而修春秋采

毫毛之善貶纖介之惡人事浹王道備精和聖制上通於天而麟至此天之知夫子也於是喟然而歎曰天以至明爲不可蔽乎日何爲而食地以至安爲不可危乎地何爲而動天地而尙有動蔽是故賢聖說於世而不得其行其道故災異並作也夫子曰不怨天不尤人下學而上達知我者其天乎

公伯寮愬子路於季孫子服景伯以告曰夫子固有惑志於公伯寮吾力猶能肆諸市朝子曰道之將行也與命也道之將廢也與命也公伯寮其如命何

〔史記仲尼弟子傳〕公伯僚字子周周愬子路於季孫子服景伯以告孔子曰夫子固有惑志僚也吾力猶能肆諸市朝孔子曰道之將行命也道之將廢命也公伯僚其如命何

〔論衡治期篇〕夫命窮病困之不可治猶夫亂民之不可安也藥氣之愈病猶敎導之安民也皆有命時不可令勉力也公伯寮愬子路於季孫子服景伯以告孔子孔子曰道之將行也與命也道之將廢也與命也由此言之敎之行廢國之安危皆在命時非人力也

〔後漢書黨錮傳〕論曰李膺振拔汙險之中蘊義生風以鼓動流俗激素行以恥威權立廉尙以振

貴。勢使天下之士奮迅感槩波蕩而從之。幽深牢破室族而不顧。至于子伏其死而毋歡其義。壯矣哉。子曰道之將廢也與。命也。

子曰賢者辟世。其次辟地。其次辟色。其次辟言。

〔牟子理惑論〕老子曰。天地尚不得長久。而況人乎。孔子曰。賢者避世。仁孝常在。吾覽六藝。觀傳記。堯有殂落。舜有蒼梧之山。禹有會稽之陵。伯夷叔齊有首陽之墓。文王不及誅紂而沒。武王不能待成王大而崩。周公有改葬之篇。仲尼有兩楹之夢。伯魚有先父之年。子路有葅醢之語。伯牛有亡命之文。曾參有啓足之詞。顏淵有不幸短命之記。苗而不秀之喻。皆著在經典。聖人至言也。吾以經傳爲證。世人爲驗。而云不死者。豈不惑哉。

子擊磬於衛。有荷蕢而過孔氏之門者。曰有心哉。擊磬乎。既而曰。鄙哉。硜硜乎。莫己知也。斯已而已矣。深則厲。淺則揭。子曰果哉。末之難矣。

〔風俗通聲音篇〕世本毋句作磬。尚書豫州錫貢磬。詩云笙磬同音。論語子擊磬於衛。有荷蕢而過者曰。有心哉。

子張曰。書云。高宗諒陰。三年不言。何謂也。子曰。何必高宗。古之人皆然。君薨。百官總己以聽於冢宰三年。

〔白虎通爵篇〕春秋傳曰。天子三年然後稱王者。謂稱王統事發號令也。尚書曰。高宗諒闇三年。是也。論語曰。君薨。百官總己聽于冢宰三年。緣孝子之心。則三年不忍當也。故三年除喪。乃卽位統事踐阼。爲主。南面朝臣下。稱王以發號令也。故天子諸侯凡三年卽位。終始之義乃備。所以諒闇三年。卒孝子之道。故論語曰。古之人皆然。君薨。百官總己聽于冢宰三年。所以聽于冢宰三年者何。以爲冢宰職在制國之用。是以由之也。故王制曰。冢宰制國用。所以名之爲冢宰何。冢者大也。宰者制也。大制事也。故王度記曰。天子冢宰一人。爵祿如天子之大夫。或曰。冢宰視卿。周官所云也。

〔漢紀八文帝紀〕荀悅曰。書云。高宗諒闇。三年不言。孔子曰。古之人皆然。三年之喪。天下之通喪。由來者尚矣。今而廢之。以虧大化。非禮也。雖然。以國家之重。愼其權柄。雖不諒闇。存其大體可也。

〔後漢書陳元傳〕元上疏曰。臣聞師臣者帝。賓臣者霸。故武王以太公爲師。齊桓以夷吾爲仲父。孔子曰。百官總己聽於冢宰。近則高帝優相國之禮。太宗假宰輔之權。

子路問君子。子曰。脩己以敬。曰。如斯而已乎。曰。脩己以安人。

〔潛夫論志氏姓篇〕楚令尹建嘗問范武子之德於文子。文子對曰。夫子之家事治。言於晉國。竭情無私。其祝史陳信不愧。其家事無猜。祝史不祈。建歸以告康王。曰。神人無怨。宜夫子之股肱五君以爲諸侯主也。故劉氏自唐以下。漢以上。德著於世。莫若范會之最盛也。斯亦有修己以安人之功矣。

曰。如斯而已乎。曰。脩己以安百姓。脩己以安百姓。堯舜其猶病諸。

〔論衡宣漢篇〕夫太平以治定爲效。百姓以安樂爲符。孔子曰。脩己以安百姓。堯舜其猶病諸。百姓安者。太平之驗也。夫治人以人爲主。百姓安而陰陽和。陰陽和則萬物育。萬物育則奇瑞出。

論語古義卷十四竟

論語古義卷十五

長沙　楊樹達撰集

衞靈公篇第十五

衞靈公問陳於孔子。孔子對曰。俎豆之事則嘗聞之矣。軍旅之事未之學也。明日遂行。

〔史記孔子世家〕反乎衞。入主蘧伯玉家。他日靈公問兵陳。孔子曰。俎豆之事則嘗聞之。軍旅之事未之學也。明日與孔子語。見蜚雁。仰視之。色不在孔子。孔子遂行。復如陳。

〔後漢書光武帝紀〕初帝在兵間久。厭武事。且知天下疲耗。思樂息肩。自隴蜀平後。非儆急未嘗復言軍旅。皇太子嘗問攻戰之事。帝曰。昔衞靈公問陳。孔子不對。此非爾所及。

在陳絕糧。從者病。莫能興。子路慍見曰。君子亦有窮乎。子曰。君子固窮。小人窮斯濫矣。

〔史記孔子世家〕孔子遷於蔡。三歲。吳伐陳。楚救陳。軍于城父。聞孔子在陳蔡之閒。楚使人聘孔子。

孔子將往拜禮陳蔡大夫謀曰孔子賢者所刺譏皆中諸侯之疾今者久留陳蔡之閒諸大夫所設行皆非仲尼之意今楚大國也來聘孔子孔子用於楚則陳蔡用事大夫危矣於是乃相與發徒役圍孔子於野不得行絕糧從者病莫能興孔子講誦絃歌不衰子路慍見曰君子亦有窮乎孔子曰君子固窮小人窮斯濫矣子貢色作孔子曰賜爾以予爲多學而識之者與曰然非與孔子曰非也予一以貫之

子曰賜也女以予爲多學而識之者與曰然非與孔子曰非也予一以貫之

〔史記孔子世家〕見前章

子曰由知德者鮮矣

〔潛夫論交際篇〕見卷七述而篇仁遠乎哉章百葉

子曰無爲而治者其舜也與夫何爲哉恭己正南面而已矣

〔春秋繁露楚莊王篇〕今所謂新王必改制者非改其道非變其理受命於天易姓更王非繼前王而王也若一因前制修故業而無有所改是與繼前王而王者無以別受命之君天之所大顯也事

父者承意事君者儀志事天亦然今天大顯己物襲所代而率與同則不顯不明非天志故必徙居處更稱號改正朔易服色者無他焉不敢不順天志而明自顯也若夫大綱人倫道理政治敎化習俗文義盡如故亦何改哉故王者有改制之名無易道之實孔子曰無爲而治者其舜乎言其主堯之道而已此非不易之效與

〔漢書董仲舒傳〕仲舒對曰臣聞夫樂而不亂復而不厭者謂之道道者萬世亡弊弊者道之失也先王之道必有偏而不起之處故政有眊而不行舉其偏者以補其弊而已矣三王之道所祖不同非其相反將以捄溢扶衰所遭之變然也故孔子曰亡爲而治者其舜虖改正朔易服色以順天命而已其餘盡循堯道何更爲哉

〔吳志樓玄傳〕華覈上疏曰臣竊以治國之體其猶治家主田野者皆宜良信又宜得一人總其條目爲作維綱衆事乃理論語曰無爲而治者其舜也與恭己正南面而已言所任得其人故優游而自逸也

子張問行子曰言忠信行篤敬雖蠻貊之邦行矣言不忠信行不篤敬雖州里

行乎哉。立則見其參於前也。在輿則見其倚於衡也。夫然後行。子張書諸紳。

〔史記仲尼弟子傳〕見卷二爲政篇子張學干祿章。十九葉

〔鹽鐵論崇禮篇〕賢良曰。王者崇禮施德。上仁義而賤怪力。故聖人絕而不言。孔子曰。言忠信。行篤敬。雖蠻貊之邦。不可棄也。今萬方絕國之君奉贄獻者。懷天子之盛德。而欲觀中國之禮儀。故設明堂辟雍以示之。揚干戚。昭雅頌以風之。今乃玩好不用之器。奇蟲不畜之獸。角抵諸戲。炫燿之物陳夸之。殆與周公之待遠方殊。

〔漢書律歷志〕衡權者。衡。平也。權。重也。衡所以任權而均物平輕重也。其道如底。以見準之正。繩之直。左旋見規。右折見矩。其在天也。佐助旋機。斟酌建指。以齊七政。故曰玉衡。論語云。立則見其參於前也。在車則見其倚於衡也。又曰。齊之以禮。此衡在前居南方之義也。

〔後漢書袁安傳〕安上封事曰。伏念南單于屯先父舉衆歸德。自蒙恩以來四十餘年。三帝積累以遺陛下。陛下深宜遵述先志。成就其業。況屯首唱大謀。空盡北虜。輟而弗圖。更立新降。以一朝之計違三世之規。失信於所養。建立於無功。由秉實知舊議。而欲背棄先恩。夫言行君子之樞機。賞罰理

國之綱紀。論語曰。言忠信。行篤敬。雖蠻貊行焉。今若失信於一屯。則百蠻不敢復保誓矣。

子曰。直哉史魚。邦有道如矢。邦無道如矢。

〔新序雜事篇一〕衛靈公之時。蘧伯玉賢而不用。彌子瑕不肖而任事。衛大夫史鰌患之。數以諫靈公而不聽。史鰌病。且死。謂其子曰。我卽死。治喪於北堂。吾不能進蘧伯玉而退彌子瑕。是不能正君也。生不能正君者。死不當成禮。置尸北堂。於我足矣。史鰌死。靈公往弔。見喪在北堂。問其故。其子具以父言對靈公。靈公蹴然易容。寤然失位。曰。夫子生則欲進賢而退不肖。死且不懈。又以尸諫。可謂忠而不衰矣。於是乃召蘧伯玉而進之。以爲卿。退彌子瑕。徙喪正堂。成禮而後返。衛國以治。史鰌字子魚。論語所謂直哉史魚者也。

君子哉蘧伯玉。邦有道則仕。邦無道則可卷而懷之。

〔後漢書周燮黃憲等傳〕易曰。君子之道。或出或處。或默或語。孔子稱蘧伯玉邦有道則仕。邦無道則可卷而懷也。然用舍之端。君子之所以存其誠也。故其行也則濡足蒙垢。出身以効時。及其止也。則窮棲茹菽。藏寶以迷國。

〔牟子理惑論〕夫言語談論各有時也。蘧瑗曰。國有道則直。國無道則卷而懷之。寧武子曰。國有道則智。國無道則愚。孔子曰。可與言而不與言。失人。不可與言而與言。失言。故智愚自有時。談論各有意。何爲當言論而不行哉。

子曰。可與言而不與之言。失人。不可與言而與之言。失言。知者不失人。亦不失言。

〔牟子理惑論〕見前章。

〔中論貴言篇〕明偏而示之以幽。弗能照也。聽寡而告之以微。弗能察也。斯所資於造化者也。雖曰無訟。其如之何。故孔子曰。可與言而不與之言。失人。不可與言而與之言。失言。知者不失人。亦不失言。夫君子之於言也。所致貴也。雖有夏后之璜。商湯之駟。弗與易也。今以施諸俗士。以爲志誣而弗貴聽也。不亦辱己而傷道乎。

子曰。志士仁人。無求生以害仁。有殺身以成仁。

〔漢書蘇武傳贊〕孔子稱志士仁人。有殺身以成仁。無求生以害仁。使於四方。不辱君命。蘇武有之矣。

〔列女傳節義篇〕京師節女者長安大昌里人之妻也其夫有仇人欲報其夫而無道徑聞其妻之仁孝有義乃刼其妻之父使要其女爲中譎父呼其女告之女計念不聽之則殺父不孝聽之則殺夫不義不孝不義雖生不可以行於世欲以身當之乃且許諾曰旦日在樓上新沐東首臥則是矣妾請開戶牖待之還其家乃告其夫使臥他所因自沐居樓上東首開戶牖而臥夜半仇家果至斷頭持去明而視之乃其妻之頭也仇人哀痛之以爲有義遂釋不殺其夫君子謂節女仁孝厚於恩義也夫重仁義輕死亡行之高者也論語曰君子殺身以成仁無求生以害仁此之謂也

〔中論夭壽篇〕或問孔子稱仁者壽而顏淵早夭積善之家必有餘慶而比干子胥身陷大禍豈聖人之言不信而欺後人耶北海孫翺以爲死生有命非他人之所致也若積善有慶行仁得壽乃敎化之義誘人而納於善之理也若曰積善不得報行仁者凶則愚惑之民將走于惡以反天常故曰民可使由之不可使知之幹以爲非其理也孫氏專以王敎之義也惡愚惑之民將反天常孔子何故曰有殺身以成仁無求生以害仁又曰自古皆有死民無信不立欲使知去食而必死也昔者仲

尼乃欲民不仁不信乎。夫聖人之教。乃爲明允君子。豈徒爲愚惑之民哉。愚惑之民。威以斧鉞之戮。懲以刀墨之刑。遷之他邑。而流於裔土。猶或不悛。況以言乎。

子貢問爲仁。子曰。工欲善其事。必先利其器。居是邦也。事其大夫之賢者。友其士之仁者。

〔漢書成帝紀〕陽朔二年詔曰。古之立太學。將以傳先生之業。流化於天下也。儒林之官。四海淵原。宜皆明於古今。溫故知新。通達國體。故謂之博士。否則學者無述焉。爲下所輕。非所以尊道德也。工欲善其事。必先利其器。丞相御史其與中二千石二千石雜舉可充博士位者。使卓然可觀。

〔又刑法志〕古人有言。天生五材。民並用之。廢一不可。誰能去兵。鞭朴不可弛於家。刑罰不可廢於國。征伐不可偃於天下。用之有本末。行之有逆順耳。孔子曰。工欲善其事。必先利其器。文德者。帝王之利器。威武者。文德之輔助也。夫文之所加者深。則武之所服者大。德之所施者博。則威之所制者廣。三代之盛。至於刑錯兵寢者。其本末有序。帝王之極功也。

〔又梅福傳〕福上書曰。故爵祿束帛者。天下之底石。高祖所以厲世摩鈍也。孔子曰。工欲善其事。必先厲其器。

〔羣書治要引崔寔政論〕傳曰。工欲善其事。必先利其器。舊時永平建初之際。去戰攻未久。朝廷留意于武備。財用優饒。主者躬親。故官兵常牢勁精利。有蔡太僕之弩及龍亭九年之劍。至今擅名天下。

顏淵問爲邦。子曰。行夏之時。乘殷之輅。服周之冕。樂則韶舞。

〔新語思務篇〕夫口誦聖人之言。身學賢者之行。久而不弊。勞而不廢。雖未爲君□□□□□已。孔子曰。行夏之時。乘殷之輅。服周之冕。樂則韶舞。放鄭聲。遠佞人□□□道而行之於世。雖非堯舜之君。則亦堯舜也。

〔白虎通三正篇〕正朔有三。何本天有三統。謂三微之月也。明王者當奉順而成之。故受命各統一正也。敬始重本也。朔者蘇也。革也。言萬物革更于是。故統焉。禮三正記曰。正朔三而改。文質再而復也。三微者何謂也。陽氣始施黃泉。動微而未著也。十一月之時。陽氣始養根株。黃泉之下。萬物皆赤。赤者盛陽之器也。故周爲天正。色尚赤也。十二月之時。萬物始牙而白。白者陰氣。故殷爲地正。色尚白也。十三月之時。萬物始達孚甲而出。皆黑。人得加功。故夏爲人正。色尙黑。尙書大傳曰。夏以孟春月爲正。殷以季冬月爲正。周以仲冬月爲正。夏以十三月爲正。色尙黑。以平旦爲朔。殷以十二月爲正。色尙白。以雞鳴爲朔。周以十一月爲正。色尙赤。以夜半爲朔。不以二月後爲正者。萬物不齊。莫適所統。故必以三微之月也。三正之相承。若順連環也。孔子承周之弊。行夏之時。知繼十一月正者。當用十三月也。

〔孔叢子雜訓篇〕縣子問子思曰。顏回問爲邦。夫子曰。行夏之時。若是殷周異正爲非乎。子思曰。夏數得天。堯舜之所同也。殷周之王。征伐革命。以應乎天。因改正朔。若云天時之改耳。故不相因也。夫受禪於人者。則襲其統。受命於天者。則革之。所以神其事。如天道之變然也。三統之義。夏得其正。是以夫子云。

〔續漢書輿服志〕或曰。殷瑞山車。金根之色。漢承秦制。御爲乘輿。孔子所謂乘殷之輅者也。

〔又注引東觀書〕永平二年正月。公卿議春南北郊。東平王蒼議曰。孔子曰。行夏之時。乘殷之輅。服周之冕。爲漢制法。高皇帝始受命創業。制長冠以入宗廟。光武受命中興。建明堂。立辟雍。陛下以聖明奉遵。以禮服龍袞祭五帝。

〔宋書禮志一引魏文帝定服色詔〕孔子稱行夏之時。乘殷之輅。服周之冕。樂則韶舞。此聖人集羣代之美事。爲後王制法也。傳曰。夏數爲得天。朕承唐虞之美。至于正朔。當依虞夏故事。若殊徽號。異器械。制禮樂。易服色。用牲幣。自當隨土德之數。每四時之季月。服黃十八日。臘以丑。牲用白。其飾節旄。自當赤。但節幡黃耳。其餘郊祀天地朝會四時之服。宜如漢制。宗廟所服。一如周禮。

〔魏志辛毗傳〕時議改正朔。毗以魏氏遵舜禹之統。應天順民。至於湯武。以戰伐定天下。乃改正朔。孔子曰。行夏之時。左氏傳曰。夏數爲得天正。何必期於相反。帝善而從之。

放鄭聲。遠佞人。鄭聲淫。佞人殆。

〔漢書禮樂志〕哀帝詔曰。惟世俗奢泰文巧。而鄭衞之聲興。夫奢泰則下不孫而國貧。文巧則趨末背本者衆。鄭衞之聲興。則淫辟之化流。而欲黎庶敦朴家給。猶濁其源而求其淸流。豈不難哉。孔子不云乎。放鄭聲。鄭聲淫。其罷樂府官。

〔白虎通禮樂篇〕樂尙雅何。雅者古正也。所以遠鄭聲也。孔子曰。鄭聲淫。何。鄭國土地民人山居谷浴男女錯雜。爲鄭聲以相誘悅懌。故邪僻聲皆淫色之聲也。

〔又誅伐篇〕佞人當誅。何爲其亂善行。傾覆國政。韓詩內傳曰。孔子爲魯司寇。先誅少正卯。謂佞道已行。亂國政也。佞道未行。章明遠之而已。論語曰。放鄭聲。遠佞人。

〔漢紀二十三元帝紀〕荀悅曰。孝宣皇帝任法審刑。綜核名實。聽斷精明。事業修理。下無隱情。是以功光前世。號爲中宗。然不甚用儒術。從諫如流。下善齊肅。賓禮舊老。優容寬直。其仁心之德。足以爲賢主矣。而佞臣石顯用事。隳其大業。明不照姦。決不斷惡。豈不惜哉。昔齊桓公任管仲以霸、任豎刁以亂。一人之身。唯所措之。夫萬事之情。常立於得失之原。治亂榮辱之機。可不惜哉。楊朱哭多歧。墨翟悲素絲。傷其本同而末殊。孔子曰。遠佞人。詩曰。取彼讒人。投畀豺虎。疾之深也。若夫石顯。可以痛心泣血矣。豈不疾之哉。

〔後漢書陳禪傳〕永寧元年。西南夷撣國王獻樂及幻人。能吐火自支解。易牛馬頭。明年元會。作之於庭。安帝與羣臣共觀。大奇之。禪獨離席舉手大言曰。昔齊魯爲夾谷之會。齊作侏儒之樂。仲尼誅之。又曰。放鄭聲。遠佞人。帝王之庭。不宜設夷狄之技。

〔魏文帝典論姦讒篇〕佞邪穢政。愛惡敗俗。國有此二事。欲不危亡。不可得也。何進滅于吳匡張璋。袁紹亡于審配郭圖。劉表昏于蔡瑁張允。孔子曰。佞人殆。信矣。（從嚴可均輯本據意林羣書治要引。）

子曰。人無遠慮。必有近憂。

〔鹽鐵論毀學篇〕文學曰。夫晉獻垂棘。非不美也。宮之奇見之而歎。知荀息之圖之也。智伯富有三晉。非不盛也。然不知襄子之謀之也。季孫之狐貉。非不麗也。而不知魯君之患之也。故晉獻以寶馬釣虞虢。襄子以城壞誘智伯。故智伯身禽於趙。而虞虢卒幷於晉。以其務得不顧其後。貪土地而利寶馬也。孔子曰。人無遠慮。必有近憂。

〔魏志高堂隆傳〕隆上疏曰。夫情之所在。非好則美。而美好之集。非人力不成。非穀帛不立。情苟無極。則人不堪其勞。物不充其求。勞求並至。將起禍亂。故不割情。無以相供。仲尼云。人無遠慮。必有近憂。由此觀之。禮義之制。非苟拘分。將以遠害而興治也。

子曰。已矣乎。吾未見好德如好色者也。

〔史記孔子世家〕已見卷九子罕篇。百四十一葉

子曰。躬自厚而薄責於人。則遠怨矣。

〔春秋繁露仁義法篇〕春秋刺上之過。而矜下之苦。小惡在外弗舉。在我書而誹之。凡此六者。以仁治人。義治我。躬自厚而薄責於外。此之謂也。

子曰。不曰如之何如之何者。吾末如之何也已矣。

〔新語愼微篇〕今上無明王聖主。下無貞正諸侯。誅鋤姦臣賊子之黨。解釋凝滯紕繆之結。然後忠良方直之人。則得容於世。而施於政。故孔子遭君暗臣亂。衆邪在位。政道隔於王家。仁義閉於公門。故作丘陵之歌。傷無權力於世。大化絕而不通。道德施而不用。故曰。無如之何者。吾末如之何也已矣。

〔春秋繁露執贄篇〕玉有似君子。子曰。人而不曰如之何如之何者。吾末如之何也已矣。故匿病者不得良醫。羞問者聖人去之。以爲遠功而近有災。是則不有。玉至淸而不蔽其惡。內有瑕穢。必見之於外。故君子不隱其短。不知則問。不能則學。取之玉也。

〔漢紀二十三元帝紀〕見本卷下文知及之節。二百五十七葉

子曰。君子疾沒世而名不稱焉。

〔史記孔子世家〕見卷十四憲問篇莫我知也夫章。二百一十八葉

〔又伯夷傳〕見本卷下文道不同章。二百五十八葉

〔中論考僞篇〕問者曰。仲尼惡沒世而名不稱。又疾僞名。然則將何執。曰。是安足怪哉。名者所以名實也。實立而名從之。非名立而實從之也。故長形立而名之曰長。短形立而名之曰短。非長短之名先立而長短之形從之也。仲尼之所貴者。名實之名也。貴名乃所以貴實也。

〔吳志韋曜傳〕見卷八泰伯篇學如不及章。百十七葉

子曰。君子矜而不爭。羣而不黨。

〔吳志步隲傳〕周昭著書稱步隲及嚴畯等曰。諸葛使君步丞相嚴衞尉三君昔以布衣俱相友善。諸論者因各敍其優劣。初先衞尉。次丞相。而後有使君也。其後並事明主。經營世務。出處之才有不同。先後之名須反其初。此世常人所決勤薄也。至於三君分好卒無虧損。豈非古人交哉。又魯橫江

昔杖萬兵屯據陸口。當世之美業也。能與不能孰不願焉。而橫江既亡。衛尉應其選。自以才非將帥。深辭固讓。終於不就。後徙九列。遷典八座。榮不足以自曜。祿不足以自奉。至於二君皆位爲上將。窮富極貴。衛尉既無求欲。二君又不稱薦。各守所志。保其名好。孔子曰君子矜而不爭。羣而不黨。斯有風矣。

子曰。吾之於人也。誰毀誰譽。如有所譽者。其有所試矣。

〔漢書藝文志〕儒家者流蓋出於司徒之官。助人君順陰陽明敎化者也。游文於六經之中。留意於仁義之際。祖述堯舜。憲章文武。宗師仲尼。以重其言。於道最爲高。孔子曰。如有所譽。其有所試。唐虞之隆。殷周之盛。仲尼之業。已試之效者也。

〔又薛宣傳〕谷永上疏曰。竊見少府宣材茂行絜。達於從政。前爲御史中丞。執轂憲下。不吐剛茹柔。舉錯時當。出守臨淮陳留。二郡稱治。爲左馮翊。崇敎養善。威德並行。衆職修理。姦軌絕息。辭訟者歷年不至丞相府。赦後餘盜賊什分三輔之一。功効卓爾。自左內史初置以來未嘗有也。孔子曰。如有所譽。其有所試。宣考績功課。簡在兩府。不敢過稱以奸欺誣之罪。

〔漢紀十二武帝紀〕御史大夫公孫弘爲丞相。封平津侯。丞相未有以侯拜者。至弘始拜而封。丞相封侯自弘始也。荀悅曰。丞相始拜而封。非典也。夫封必以功。不聞以位。孔子曰。如有所譽。必有所試矣。譽必待試。況於賞乎。

〔魏志王昶傳〕昶以書戒子曰。夫毀譽愛惡之原。而禍福之機也。是以聖人愼之。孔子曰。吾之於人。誰毀誰譽。如有所譽。必有所試。又曰。子貢方人。賜也賢乎哉。我則不暇。以聖人之德。猶尙如此。況庸庸之徒而輕毀譽哉。

〔阮籍與晉文王書薦盧播〕伏見鄙州別駕同郡盧播。年三十二。字景宣。少有才秀之異。長懷淑茂之量。若得佐時理物。則政事之器。銜命聘享。則專對之才。潛心圖籍。文學之宗。敷藻載述。良史之表。然而學不爲人。行不求達。故久沈淪。未階太清。誠後門之秀偉。當時之利器。宜蒙旌命。和味鼎鉉。孔子曰。如有所譽。必有所試。播之所能。著在已效。不敢虛飾。取謗大府。

斯民也。三代之所以直道而行也。

〔漢書景帝紀贊〕孔子稱斯民三代之所以直道而行也。信哉。周秦之敝。罔密文峻。而姦軌不勝。漢興。掃除煩苛。與民休息。至于孝文。加之以恭儉。孝景遵業。五六十載之間。至於移風易俗。黎民醇厚。周云成康。漢言文景。美矣。

〔論衡率性篇〕夫人之性猶蓬紗也。在所漸染而善惡變矣。王良造父稱爲善御。能使不良爲良也。如徒能御良。其不良者不能馴服。此則駔工庸師服馴技能。何奇而世稱之。故曰。王良登車。馬不罷駑。堯舜爲政。民無狂愚。傳曰。堯舜之民可比屋而封。桀紂之民可比屋而誅。斯民也。三代所以直道而行也。聖主之民如彼。惡主之民如此。竟在化。不在性也。

〔又非韓篇〕夫世不乏於德。猶歲不絕於春也。謂世衰難以德治。可謂歲亂不可以春生乎。人君治一國。猶天地生萬物。天地不爲亂歲去春。人君不以衰世屏德。孔子曰。斯民也。三代所以直道而行也。

子曰。吾猶及史之闕文也。有馬者借人乘之。今亡矣夫。

〔漢書藝文志〕古制。書必同文。不知則闕。問諸故老。至於衰世。是非無正。人用其私。故孔子曰。吾猶及史之闕文也。今亡矣夫。蓋傷其寖不正。

〔許慎說文解字序〕書曰予欲觀古人之象言必遵修舊文而不穿鑿孔子曰吾猶及史之闕文今亡矣夫蓋非其不知而不問人用己私是非無正巧說衺辭使天下學者疑

〔後漢書徐防傳〕見卷七述而篇述而不作章（八十七葉）

子曰巧言亂德小不忍則亂大謀

〔中論覈辨篇〕夫利口之所以得行乎世也蓋有由也且利口者心足以見小數言足以盡巧辭給足以應切問難足以斷俗疑然而好說而不倦諜諜如也夫類族辨物之士者寡而愚闇不達之人者多孰知其非乎此其所無用而不見廢也至賤而不見遺也先王之法析言破律亂名改作者殺之行僻而堅言僞而辯記醜而博順非而澤者亦殺之爲其疑衆惑民而潰亂至道也孔子曰巧言亂德惡似而非者也

子曰衆好之必察焉衆惡之必察焉

〔潛夫論潛歎篇〕是以范武歸晉而國姦逃華元反朝而魚氏亡故正義之士與邪枉之人不兩立而人君之取士也不能參聽民氓斷之聰明反徒信亂臣之說獨用汚吏之言此所謂與仇選使令

四擇吏者也。書云謀及乃心。謀及庶人。孔子曰。衆好之。必察焉。衆惡之。必察焉。故聖人之施舍也。不必任衆。亦不必專己。必察彼己之爲而度之以義。或舍人取己。故舉無遺失而政無廢滅也。

〔風俗通正失篇〕孔子曰。衆善焉。必察之。衆惡焉。必察之。孟軻云。堯舜不勝其美。桀紂不勝其惡。傳言失指。圖景失形。衆口鑠金。積毀消骨。久矣其患之也。

子曰。人能弘道。非道弘人。

〔漢書禮樂志〕至成帝時。謁者常山王禹世受河閒樂。能說其義。其弟子宋曅等上書言之。下大夫博士平當等考試。當以爲漢承秦滅道之後。賴先帝聖德。博受兼聽。修廢官。立大學。河閒獻王聘求幽隱。修興雅樂以助化。時大儒公孫弘董仲舒等。皆以爲音中正雅。立之大樂。春秋鄉射。作於學官。希闊不講。故自公卿大夫觀聽者。但聞鏗鎗。不曉其意。而欲以風諭衆庶。其道無由。是以行之百有餘年。德化至今未成。今曅等守習孤學。大指歸於興助教化。衰微之學。興廢在人。宜領屬雅樂。以繼絕表微。孔子曰。人能弘道。非道弘人。河閒區區小國藩臣。以好學修古。能有所存。民到于今稱之。況於聖主廣被之資。修起舊文。放鄭近雅。述而不作。信而好古。於以風示海內。揚名後世。誠非小功小美也。

〔又董仲舒傳〕夫人君莫不欲安存而惡危亡。然而政亂國危者甚衆。所任者非其人。而所由者非其道。是以政日以仆滅也。夫周道衰於幽厲。非道亡也。幽厲不由也。至於宣王。思昔先王之德。興滯補弊。明文武之功業。周道粲然復興。詩人美之而作。上天祐之。爲生賢佐。後世稱誦。至今不絕。此夙夜不解行善之所致也。孔子曰。人能弘道。非道弘人也。故治亂廢興在於己。非天降命不可得反。其所操持誖謬失其統也。

子曰。過而不改。是謂過矣。

〔春秋僖二十二年〕冬十有一月己巳朔。宋公及楚人戰于泓。宋師敗績。穀梁傳曰。春秋三十有四戰。未有以尊敗乎卑。以師敗乎人者也。以尊敗乎卑。以師敗乎人。則驕其敵。襄公以師敗乎人而不驕其敵。何也。責之也。泓之戰。以爲復雩之恥也。雩之恥。宋襄公有以自取之。伐齊之喪。執滕子。圍曹。爲雩之會。不顧其力之不足。而致楚成王。成王怒而執之。故曰。禮人而不答。則反其敬。愛人而不親。則反其仁。治人而不治。則反其知。過而不改。又之。是謂之過。襄公之謂也。古者被甲嬰冑。非以興國也。則以征無道也。豈曰以報其恥哉。

〔漢書成帝紀〕。詔曰朕執德不固。謀不盡下。過聽將作大匠萬年言昌陵三年可成。作治五年。中陵司馬殿門內尚未加功。天下虛耗。百姓罷勞。客土疏惡。終不可成。朕惟其難。怛然傷心。夫過而不改。是謂過矣。其罷昌陵。反故陵。勿徙吏民。令天下毋有動搖之心。

〔又李尋傳〕哀帝下詔曰。朕獲保宗廟。爲政不德。變異屢仍。恐懼戰栗。未知所繇。待詔賀良等建言。改元易號。增益漏刻。可以永安國家。朕信道不篤。過聽其言。幾爲百姓獲福。卒無嘉應。久旱爲災。以問賀良等。對當復改制度。皆背經誼。違聖制。不合時宜。夫過而不改。是謂過矣。六月甲子詔書。非赦令。他皆蠲除之。

〔又宣元六王傳〕元帝璽書敕諭東平思王曰。今聞王自修有闕。本朝不和。流言紛紛。謗自內興。朕甚憯焉。爲王懼之。朕惟王之春秋方剛。忽於道德。意有所移。忠言未納。故臨遣太中大夫子蟜諭王朕意。孔子曰。過而不改。是謂過矣。王其深惟孰思之。無違朕意。

子曰。吾嘗終日不食。終夜不寢。以思。無益。不如學也。

〔論衡實知篇〕聖賢不能知性。須任耳目以定情實。其任耳目也。可知之事。思之輒決。不可知之事。待問乃解。天下之事世間之物可思而知。愚夫能開精。不可思而知。上聖不能省。孔子曰。吾嘗終日不食。終夜不寢。以思無益。不如學也。

〔潛夫論讚學篇〕是以君子終日乾乾進德脩業者。非直爲博己而已也。蓋乃思述祖考之令問而以顯父母也。孔子曰。吾嘗終日不食。終夜不寢。以思無益。不如學也。耕也餧在其中。學也祿在其中矣。君子憂道不憂貧。箕子陳六極。國風歌北門。故所謂不憂貧也。豈好貧而弗之憂邪。蓋志有所專。昭其重也。是故君子之求豐厚也。非爲嘉饌美服淫聲樂色也。乃將以底其道而邁其德也。

〔吳志呂蒙傳注引江表傳〕初權謂蒙及蔣欽曰。卿今並當塗掌事。宜學問以自開益。蒙曰。在軍中常苦多務。恐不容復讀書。權曰。孤豈欲卿治經爲博士邪。但當令涉獵見往事耳。卿言多務。孰若孤。孤少時歷詩書禮記左傳國語。惟不讀易。至統事以來。省三史諸家兵書。自以爲大有所益。如卿二人意性朗悟。學必得之。寧當不爲乎。宜急讀孫子六韜左傳國語及三史。孔子言終日不食終夜不寢以思無益。不如學也。光武當兵馬之務。手不釋卷。孟德亦自謂老而好學。卿何獨不自勸勉邪。

子曰。君子謀道不謀食。耕也餒在其中矣。學也祿在其中矣。君子憂道不憂貧。

〔潛夫論讚學篇〕見前章。二百五十五葉

〔又釋難篇〕秦子問於潛夫曰。耕種。生之本也。學問。業之末也。老聃有言。大丈夫處其實。不居其華。而孔子曰。耕也。餒在其中。學也。祿在其中。敢問今使舉世之人。釋耨耒而程相羣於學。何如。潛夫曰。善哉問。君子勞心。小人勞力。故孔子所稱。謂君子爾。今以目所見。耕食之本也。以心原道。即學又耕之本也。

子曰。知及之。仁不能守之。雖得之。必失之。

〔後漢書文苑劉梁傳〕梁著辨和同論曰。夫知而違之。僞也。不知而失之。闇也。闇與僞焉。其患一也。患之所在。非徒在智之不及。又在及而違之者矣。故曰。智及之。仁不能守之。雖得之。必失之也。

〔後漢書班固傳論〕固傷遷博物洽聞。不能以智免極刑。然亦身陷大戮。智及之而不能守之。嗚乎。古人之所以致論於目睫也。

知及之。仁能守之。不莊以涖之。則民不敬。知及之。仁能守之。莊以涖之。動之不以禮未善也。

〔漢紀二十三元帝紀〕荀悅曰。教初必簡。刑始必略。則其漸也。教化之隆。莫不興行。然後責備。刑法之定。莫不避罪。然後求密。未可以備。謂之虐教。未可以密。謂之峻刑。虐教傷化。峻刑害民。君子弗由也。莫不興行。則毫毛之善可得而勸也。然後教備。莫不避罪。則纖芥之惡可得而禁也。然後刑密。故孔子曰。不嚴以涖之。則民不敬也。嚴以涖之。動之不以禮。未善也。是言禮刑之並施也。吾未如之何。言教之不行也。可以勝殘去殺矣。言刑之不用也。

子曰。當仁不讓於師。

〔春秋繁露竹林篇〕今子反往視宋。聞人相食。大驚而哀之。不意之至於此也。是以心駭目動而違常禮。禮者庶於仁文質而成體者也。今使人相食。大失其仁。安著其禮。方救其質。奚恤其文。故曰。當仁不讓。此之謂也。

子曰。君子貞而不諒。

〔漢書王貢兩龔鮑傳〕見卷八泰伯篇篤信好學章。百十五葉

子曰有敎無類

〔漢書地理志〕巴蜀廣漢本南夷秦幷以爲郡土地肥美有江水沃野山林竹木蔬食果實之饒民食稻魚亡凶年憂俗不愁苦而輕易淫泆柔弱褊阨景武間文翁爲蜀守敎民讀書法令未能篤信道德反以好文刺譏貴慕權埶及司馬相如游宦京師諸侯以文辭顯於世鄉黨慕循其迹後有王褒嚴遵揚雄之徒文章冠天下繇文翁倡其敎相如爲之師故孔子曰有敎無類

子曰道不同不相爲謀

〔史記伯夷傳〕子曰道不同不相爲謀亦各從其志也故曰富貴如可求雖執鞭之士吾亦爲之如不可求從吾所好歲寒然後知松柏之後凋舉世混濁淸士乃見豈以其重若彼其輕若此哉君子疾沒世而名不稱焉賈子曰貪夫徇財烈士徇名夸者死權衆庶馮生同明相照同類相求雲從龍風從虎聖人作而萬物覩

〔鹽鐵論憂邊篇〕文學曰夫欲安民富國之道在於反本本立而道生順天之理因地之利卽不勞而功成夫不修其源而事其流無本以統之雖竭精神盡思慮無益於治欲安之適足以危之欲救

之適足以敗之夫治亂之端在於本末而已不至勞其心而道可得也孔子曰不通於論者難於言治道不同者不相與謀今公卿意有所倚故文學之言不可用也

〔漢書楊惲傳〕惲報孫會宗書曰惲幸有餘祿方糴賤販貴逐什一之利此賈豎之事汙辱之處惲親行之下流之人衆毀所歸不寒而栗雖雅知惲者猶隨風而靡尙何稱譽之有董生不云乎明明求仁義常恐不能化民者卿大夫意也明明求財利常恐困乏者庶人之事也故道不同不相爲謀今子尙安得以卿大夫之制而責僕哉

〔邊韶老子銘〕其二篇之書稱天地所以能長且久者以不自生也厥初生民遺體相續其死生之義可知也或有浴神不死是謂玄牝之言由是世之好道者觸類而長之以老子離合於混沌之氣與三光爲終始觀天作讖□降斗星隨日九變與時消息規榘三光四靈在旁存想丹田大一紫房道成身化蟬蛻渡世自羲農以來□爲聖者作師班固以老子絕聖棄知禮爲亂首與仲尼道違述漢書古今人表檢以法度抑而下之老子□與楚子而同科材不及孫卿孟軻二者之論殊矣所謂道不同不相爲謀也

論語古義卷十五竟

論語古義卷十六

長沙　楊樹達撰集

季氏篇第十六

季氏將伐顓臾。冉有季路見於孔子曰。季氏將有事於顓臾。孔子曰。求。無乃爾是過與。夫顓臾昔者先王以爲東蒙主。且在邦域之中矣。是社稷之臣也。何以伐爲。冉有曰。夫子欲之。吾二臣者皆不欲也。孔子曰。求。周任有言曰。陳力就列。不能者止。

〔漢書薛宣傳〕宣移書曰。告櫟陽令。吏民言令治行煩苛。適罰作使千人以上。賦取錢財數十萬。給爲非法。賣買聽任富吏。賈數不可知。證驗以明白。欲遣吏考案。恐負舉者。恥辱儒士。故使掾平鐫令。孔子曰。陳力就列。不能者止。令詳思之。方調守。

〔風俗通過譽篇〕司空潁川韓稜少時爲郡主簿。太守興被風病。恍忽誤亂。稜陰扶輔其政。出入二年。署置教令無愆失。與子嘗、出教欲轉徙吏。稜執不聽。由是發露。被考。與免官。稜坐禁固。章帝卽位。一切原除也。謹案易稱守位以仁。尙書無曠庶官。詩云。彼君子兮不素飧兮。論語。陳力就列。不能者止。漢典吏病百日應免。所以卹民急病。懲俗逋慝也。今與官尊任重。經略千里。當聽訟侍祠。班詔勸課。早朝旰食。夕惕若厲。不以榮祿爲樂。而以黔首爲憂、位過招殃。靈督其釁。風疾恍忽。有加無瘳。稜統機括。知其虛實。當聽上病。以禮遷引。何有上欺天子。中誣方伯。下誑吏民。扶輔耄亂。政自己出。雖幸無闕。罪已不容於誅矣。爲人謀而不忠。愛人而以姑息。凡人不可。況於君子乎。

〔吳志孫綝傳〕綝上言曰。臣聞天命棐諶。必就有德。是以幽厲失度。周宣中興。陛下聖德。纂承大統。宜得良輔。以協雍熙。雖堯之盛。猶求稷契之佐。以協明聖之德。古人有言。陳力就列。不能者止。臣雖自展竭。無益庶政。謹上印綬節鉞。退還田里。以避賢路。

危而不持。顚而不扶。則將焉用彼相矣。

〔漢書王嘉傳〕嘉奏封事曰。陛下素仁智愼事。今而有此大譏。孔子曰。危而不持。顚而不扶。則將安用彼相矣。臣嘉幸得備位。竊內悲傷。不能通愚忠之信。身死有益於國。不敢自惜。惟陛下愼己之所獨鄉察衆人之所共疑。

〔後漢書安帝紀〕詔曰。朕以不德。奉郊廟。承大業。不能興和降善。爲人祈福。災異蜂起。寇賊縱橫。夷狄猾夏。戎事不息。百姓匱乏。疲於徵發。重以蝗蟲滋生。害及成麥。秋稼方收。甚可悼也。朕以不明。統理失中。亦未獲忠良以毗闕政。傳曰。危而不持。顛而不扶。則將焉用彼相矣。公卿大夫將何以匡救。濟斯艱戹。承天誡焉。

〔又楊震傳論〕孔子稱危而不持。顛而不扶。則將焉用彼相矣。誠以負荷之寄。不可以虛冒。崇高之位。憂重責深也。延光之間。震爲上相。抗直方以臨權枉。先公道而後身名。可謂懷王臣之節。識所任之體矣。遂累葉載德。繼踵宰相。信哉。積善之家。必有餘慶。先世韋平。方之蔑矣。

〔羣書治要引桓範世要論諫爭篇〕諫爭者。所以納君於道。矯枉正非。救上之謬也。上苟有謬而無救焉。則害于事。害于事則危道也。故曰。危而不持。顛而不扶。則將焉用彼相。扶之之道。莫過於諫矣。

且爾言過矣。虎兕出於柙。龜玉毀於櫝中。是誰之過與。

〔漢書文三王傳〕廷尉賞移書傳相中尉曰。王背策戒。連犯大辟。毒流吏民。比比蒙恩。不伏重誅。不思改過。復賊殺人。幸得蒙恩。丞相長史大鴻臚丞即問王陽病抵讕。置辭驕嫚。不首主令。與背畔亡異。丞相御史請收王璽綬送陳留獄。明詔加恩。復遣廷尉大鴻臚雜問。今王當受詔置辭。恐復不首實對。書曰。至于再三。有不用我降爾命。傅相中尉皆以輔正爲職。虎兕出于匣。龜玉毀於匱中。是誰之過也。

冉有曰。今夫顓臾固而近於費。今不取。後世必爲子孫憂。孔子曰。求。君子疾夫舍曰欲之而必爲之辭。丘也聞有國家者。不患寡而患不均。不患貧而患不安。蓋均無貧。和無寡。安無傾。

〔春秋繁露度制篇〕孔子曰。不患貧而患不均。故有所積重。則有所空虛矣。大富則驕。大貧而憂。憂則爲盜。驕則爲暴。此衆人之情也。聖者則於衆人之情。見亂之所從生。故其制人道而差上下也。使富者足以示貴。而不至於驕。貧者足以養生。而不致於憂。以此爲度。而調均之。是以財不匱。而上下相安。故易治也。今世棄其度制。而各從其欲。欲無所窮。而俗得自恣。其勢無極。大人病不足於上。而小民羸瘠於下。則富者愈貪利而不肯爲義。貧者日犯禁而不可得止。是世之所以難治也。

〔鹽鐵論本議篇〕文學曰。孔子曰。有國有家者不患寡而患不均。不患貧而患不安。故天子不言多少。諸侯不言利害。大夫不言得喪。畜仁義以風之。廣德行以懷之。是以近者親附而遠者悅服。

〔漢書食貨志〕財者帝王所以聚人守位。養成羣生。奉順天德。治國安民之本也。故曰。不患寡而患不均。不患貧而患不安。蓋均無貧。和無寡。安無傾。

〔魏志武帝注引魏書〕公令曰。有國有家者不患寡而患不均。不患貧而患不安。袁氏之治也。使豪彊擅恣。親戚兼并。下民貧弱。代出租賦。衒鬻家財。不足應命。審配宗室至乃藏匿罪人。爲逋逃主。欲望百姓親附。甲兵彊盛。豈可得耶。其收田租畝四升。戶出絹二匹。綿二斤而已。他不得擅興發。郡國守相明檢之。無令彊民有所隱藏。而弱民兼賦也。

夫如是。故遠人不服。則脩文德以來之。既來之。則安之。

〔鹽鐵論本議篇〕孔子曰。遠人不服。則修文德以來之。既來之。則安之。今廢道德而任兵革。興師而伐之。屯戍而備之。暴兵露師以支久長。轉輸糧食無已。使邊境之士饑寒於外。百姓勞苦於內。立鹽鐵始張利官以給之。非長策也。

〔後漢書樂恢傳注引東觀記〕恢上書諫征匈奴曰。春秋之義。王者不理夷狄。得其地不可墾發。得其人無益于政。故明王之于夷狄。羈縻而已。孔子曰。遠人不服。則脩文德以來之。以漢之盛。不務脩舜禹周公之德。而無故興干戈動兵革。以求無用之物。臣誠惑之。

〔吳志陸績傳〕孫策在吳。張昭張紘秦松爲上賓。與論四海未泰。須當用武治而平之。績年少末坐。遙大聲言曰。昔管夷吾相齊桓公。九合諸侯。一匡天下。不用兵車。孔子曰。遠人不服。則脩文德以來之。今論者不務道德懷取之術。而惟尚武。績雖童蒙。竊所未安也。

今由與求也相夫子。遠人不服而不能來也。邦分崩離析而不能守也。而謀動干戈於邦內。吾恐季孫之憂。不在顓臾。而在蕭牆之內也。

〔漢書魏相傳〕上與趙充國等議。欲擊匈奴。相上書諫曰。今邊郡困乏。父子共犬羊之裘。食草萊之實。常恐不能自存。難以動兵。軍旅之後。必有凶年。言民以其愁苦之氣。傷陰陽之和也。出兵雖勝。猶有後憂。恐災害之變。因此以生。今郡國守相多不實選。風俗尤薄。水旱不時。案今年計。子弟殺父兄妻殺夫者。凡二百二十二人。臣愚以爲此非小變也。今左右不憂此。乃欲發兵報纖芥之忿於遠夷。

殆孔子所謂吾恐季孫之憂不在顓臾而在蕭牆之內也。

〔後漢書臧宮傳〕光武詔報宮等曰。今國無善政。災變不息。百姓驚惶。人不自保。而復欲遠事邊外乎。孔子曰吾恐季孫之憂不在顓臾。

孔子曰。天下有道。則禮樂征伐自天子出。天下無道。則禮樂征伐自諸侯出。自諸侯出。蓋十世希不失矣。自大夫出。五世希不失矣。陪臣執國命。三世希不失矣。

〔白虎通封公侯篇〕別名記曰。司徒典民。司空主地。司馬順天。天者施生。所以主兵。何兵者爲謀除害也。所以全其生衞其養也。故兵稱天寇賊猛獸皆爲除害者所主也。論語曰。天下有道。則禮樂征伐自天子出。

〔又誅伐篇〕諸侯之義。非天子之命。不得動衆起兵誅不義者。所以强幹弱枝。尊天子。卑諸侯也。論語曰。天下有道。則禮樂征伐自天子出。天下無道。則禮樂征伐自諸侯出。

天下有道。則政不在大夫。天下有道。則庶人不議。

〔漢書游俠傳〕古者天子建國。諸侯立家。自卿大夫以至于庶人。各有等差。是以民服事其上。而下無覬覦。孔子曰。天下有道。政不在大夫。

孔子曰。祿之去公室五世矣。政逮於大夫四世矣。故夫三桓之子孫微矣。

〔春秋繁露玉杯篇〕文公不能服喪。不時奉祭。不以三年。又以喪取。取于大夫。以卑宗廟。亂其羣祖以逆先公。小善無一而大惡四五。故諸侯弗予盟。命大夫弗爲使。是惡惡之徵。不臣之效也。出侮於外。入奪於內。無位之君也。孔子曰。政逮於大夫四世矣。蓋自文公以來之謂也。

〔漢書劉向傳〕向上封事曰。夫大臣操權柄。持國政。未有不爲害者也。昔晉有六卿。齊有田崔。衞有孫甯。魯有季孟。常掌國事。世執朝柄。終後田氏取齊。六卿分晉。崔杼弒其君光。孫林父甯殖出其君衎。弒其君剽。季氏八佾舞於庭。三家者以雍徹。竝專國政。卒逐昭公。周大夫尹氏筦朝事。濁亂王室。子朝子猛更立。連年乃定。故經曰。王室亂。又曰。尹氏殺王子克。甚之也。春秋舉成敗。錄禍福。如此類甚衆。皆陰盛而陽微。下失臣道之所致也。故書曰。臣之有作威作福。害于而家。凶于而國。孔子曰。祿去公室。政逮大夫。危亡之兆。

〔後漢書陳蕃傳〕蕃上疏曰。又青徐炎旱。五穀損傷。民物流遷。茹菽不足。而宮女積於房掖。國用盡於羅紈。外戚私門。貪財受賂。所謂祿去公室。政在大夫。

孔子曰。益者三友。損者三友。友直。友諒。友多聞。益矣。友便辟。友善柔。友便佞。損矣。

〔漢書谷永杜鄴傳贊〕孝成之世。委政外家。諸舅持權。重於丁傅。在孝哀時。故杜鄴敢譏丁傅。而欽永不敢言王氏。其埶然也。及欽欲挹損鳳權。而鄴附會音商。永陳三七之戒。斯爲忠焉。至其引申伯以阿鳳。隙平阿於車騎。指金火以求合。可謂諒不足而談有餘者。孔子稱友多聞。三人近之矣。

〔又佞倖傳贊〕漢世衰於元成。壞於哀平。哀平之際。國多釁矣。主疾無嗣。弄臣爲輔。鼎足不彊。棟幹微撓。一朝帝崩。姦臣擅命。董賢縊死。丁傅流放。辜及母后。奪位幽廢。咎在親便嬖。所任非仁賢。故仲尼著損者三友。王者不私人以官。殆爲此也。

〔後漢書爰延傳〕延上封事曰。陛下以河南尹鄧萬有龍潛之舊。封爲通侯。恩重公卿。惠豐宗室。加頃引見。與之對博。上下媟黷。有虧尊嚴。臣聞之。帝左右者。所以咨政德也。故周公戒成王曰。其朋其明言慎所與也昔宋閔公與彊臣共博引婦人於側積此無禮以致大災武帝與倖臣李延年韓嫣同臥起尊爵重賜情欲無厭遂生驕淫之心行不義之事卒延年被戮嫣伏其辜夫愛之則不覺其過惡之則不知其善所以事多泛濫物情生怨故王者賞人必酬其功爵人必甄其德善人同處則日聞嘉訓惡人從游則日生邪情孔子曰益者三友

孔子曰益者三樂損者三樂樂節禮樂樂道人之善樂多賢友益矣樂驕樂樂佚遊樂宴樂損矣

〔漢書貢禹傳〕禹奏言今大夫僭諸侯諸侯僭天子天子過天道其日久矣承衰救亂矯復古化在於陛下臣愚以爲盡如太古難宜少放古以自節焉論語曰君子樂節禮樂

孔子曰侍於君子有三愆言未及之而言謂之躁言及之而不言謂之隱未見顏色而言謂之瞽

〔荀子勸學篇〕問楛者勿告也告楛者勿問也說楛者勿聽也有爭氣者勿與辯也故必由其道至然後接之非其道則避之故禮恭而後可與言道之方辭順而後可與言道之理色從而後可與言

道之致。故未可與言而言謂之傲。可與言而不言謂之隱。不觀氣色而言謂之瞽。故君子不傲不隱不瞽。謹順其序。（序今荀子誤作身。據說苑校改）

孔子曰。君子有三戒。少之時。血氣未定。戒之在色。及其壯也。血氣方剛。戒之在鬭。及其老也。血氣既衰。戒之在得。

〔漢書杜欽傳〕欽說鳳曰。故后妃有貞淑之行。則亂嗣有賢聖之君。制度有威儀之節。則人君有壽考之福。廢而不由。則女德不厭。女德不厭。則壽命不究於高年。書云。或四三年。言失欲之生害也。今聖主富於春秋。未有適嗣。方鄉術入學。未親后妃之議。將軍輔政。宜因始初之隆。建九女之制。詳擇有行義之家。求淑女之質。毋必有色聲音技能。為萬世大法。夫少戒之在色。小卞之作。可為寒心。唯將軍常以為憂。

孔子曰。君子有三畏。畏天命。畏大人。畏聖人之言。小人不知天命而不畏也。狎大人。侮聖人之言。

〔春秋繁露郊語篇〕人之言。醯去烟。鴟羽去眯。慈石取鐵。頸金取火。蠶珥絲於室而絃絕於堂。禾實於野而粟缺於倉。蕪蕘生於燕。橘枳死於荆。此十物者。皆奇而可怪。非人所意也。夫非人所意而然。既已有之矣。或者吉凶禍福利不利之所從生。無有奇怪非人所意如是者乎。此等可畏也。孔子曰。君子有三畏。畏天命。畏大人。畏聖人之言。彼豈無傷害於人。如孔子徒畏之哉。以此見天之不可不畏敬。猶主上之不可不謹事。不謹事主。其禍來至顯。不畏敬天。其殃來至闇。闇者不見其端。若自然也。

〔又順命篇〕孔子曰。畏天命。畏大人。畏聖人之言。其祭社稷宗廟山川鬼神。不以其道。無災無害。至於祭天不享。其卜不從。使其牛口傷。鼷鼠食其角。或言食牛。或言食而死。或食而生。或不食而自死。或改卜而牛死。或卜而食其角。過有深淺薄厚。而災有簡甚。不可不察也。

〔漢書王莽傳〕莽上奏曰。尚書康誥王若曰。孟侯朕其弟小子封。此周公居攝稱王之文也。春秋隱公不言即位。攝也。此二經周公孔子所手定。蓋爲後法。孔子曰。畏天命。畏大人。畏聖人之言。臣莽敢不承用。

〔魏志文帝紀注引獻帝傳〕相國歆等奏曰。臣等聞易稱聖人奉天時。論語云。君子畏天命。天命有去就。然後帝者有禪代。是以唐之禪虞。命在爾躬。虞之順唐。謂之受終。堯知天命去已。故不得不禪舜。舜知歷數在躬。不敢不受。不得不禪。奉天時也。不敢不受。畏天命也。

孔子曰。生而知之者。上也。學而知之者。次也。困而學之。又其次也。困而不學。民斯爲下矣。

〔漢書古今人表〕見卷七述而篇若聖與仁章。百零二葉

〔白虎通辟雍篇〕見卷十九子張篇百工居肆章。三百零二葉

〔論衡實知篇〕夫項託年七歲教孔子。案七歲未入小學而教孔子。性自知也。孔子曰。生而知之。上也。學而知之。其次也。夫言生而知之。不言學問。謂若項託之類也。

孔子曰。君子有九思。視思明。聽思聰。色思溫。貌思恭。言思忠。事思敬。疑思問。忿思難。見得思義。

〔論衡知實篇〕見卷三八佾篇子入太廟章。三十七葉

孔子曰。見善如不及。見不善如探湯。吾見其人矣。吾聞其語矣。隱居以求其志。

行義以達其道吾聞其語矣未見其人也齊景公有馬千駟死之日民無德而稱焉伯夷叔齊餓于首陽之下民到于今稱之其斯之謂與

〔漢書劉向傳〕向上封事曰故治亂榮辱之端在所信任信任既賢在於堅固而不移詩云我心匪石不可轉也言守善篤也易曰渙汗其大號言號令如汗汗出而不反者也今出善令未能踰時而反是反汗也用賢未能三旬而退是轉石也論語曰見不善如探湯今二府奏佞諂不當在位歷年而不去故出令則如反汗用賢則如轉石去佞則如拔山如此望陰陽之調不亦難乎

〔列女傳節義傳〕魯秋潔婦者魯秋胡子妻也既納之五日去而宦於陳五年乃歸未至家見路旁婦人採桑秋胡子悅之下車謂曰若曝採桑吾行道遠願託桑陰下飡下齎休焉婦人採桑不輟秋胡子謂曰力田不如逢豐年力桑不如見國卿吾有金願以與夫人婦人曰嘻夫採桑力作紡績織紝以供衣食奉二親養夫子吾不願金所願卿無有外意妾亦無淫泆之志收子之齎與笥金秋胡子遂去至家奉金遺母使人喚婦至乃嚮採桑者也秋胡子慙婦曰子束髮修身辭親往仕五年乃還當欣悅馳驟揚塵疾至今也乃悅路旁婦人下子之裝以金予之是忘母也忘母不孝好色淫泆

是汚行也。汚行不義。夫事親不孝。則事君不忠。處家不義。則治官不理。孝義並亡。必不遂矣。妾不忍見子改娶矣。妾亦不嫁。遂去而東走。投河而死。君子曰。潔婦精於善。夫不孝莫大於不愛其親而愛其人。秋胡子有之矣。孔子曰。見善如不及。見不善如探湯。秋胡子婦之謂也。

〔後漢書范滂傳〕王甫詰曰。君爲人臣。不推忠國。而共造部黨。自相褒舉。評論朝廷。虛搆無端。諸所謀結。並欲何爲。皆以情對。不得隱飾。滂對曰。臣聞仲尼之言。見善如不及。見惡如探湯。欲使善善同其淸。惡惡同其汙。謂王政之所願聞。不悟更以爲黨。

陳亢問於伯魚曰。子亦有異聞乎。對曰。未也。嘗獨立。鯉趨而過庭。曰。學詩乎。對曰。未也。不學詩。無以言。鯉退而學詩。他日又獨立。鯉趨而過庭。曰。學禮乎。對曰。未也。不學禮。無以立。鯉退而學禮。聞斯二者。陳亢退而喜曰。問一得三。聞詩聞禮。又聞君子之遠其子也。

〔漢書藝文志〕古者諸侯卿大夫交接鄰國。以微言相感。當揖讓之時。必稱詩以諭其志。蓋以別賢不肖而觀盛衰焉。故孔子曰。不學詩。無以言也。

邦君之妻君稱之曰夫人夫人自稱曰小童邦人稱之曰君夫人稱諸異邦曰寡小君異邦人稱之亦曰君夫人

〔白虎通爵篇〕婦人無爵何陰卑無外事是以有三從之義未嫁從父既嫁從夫夫死從子故夫尊於朝妻榮于室隨夫之行故禮郊特牲曰婦人無爵坐以夫之齒禮曰生無爵死無謚春秋錄夫人皆有謚何以知夫人非爵也論語曰邦君之妻君稱之曰夫人國人稱之曰君夫人即令是爵君稱之與國人稱之不當異也

〔又嫁娶篇〕國君之妻稱之曰夫人何明當扶進八人謂八妾也國人尊之故稱君夫人也自稱小童者謙也言己智能寡少如童蒙也論語曰國君之妻君稱之曰夫人夫人自稱曰小童國人稱之曰君夫人稱諸異邦曰寡小君謂聘問於兄弟之國及臣於他國稱之謙之詞也

論語古義卷十六竟

論語古義卷十七

長沙 楊樹達撰集

陽貨篇第十七

陽貨欲見孔子。孔子不見。歸孔子豚。孔子時其亡也而往拜之。遇諸塗。謂孔子曰。來。予與爾言。曰。懷其寶而迷其邦。可謂仁乎。曰。不可。好從事而亟失時。可謂知乎。曰。不可。日月逝矣。歲不我與。孔子曰。諾。吾將仕矣。

〔論衡知實篇〕陽貨欲見孔子。孔子不見。饋孔子豚。孔子時其亡也而往拜之。遇諸塗。孔子不欲見。旣往候時其亡。是勢必不欲見也。反遇於路。以孔子遇陽虎言之。聖人不能先知六也。

子曰。性相近也。習相遠也。

〔列女傳辯通篇〕齊閔王曰。夫飾與不飾。固相去十百也。女曰。夫飾與不飾。相去千萬。尚不足言。何獨十百也。王曰。何以言之。對曰。性相近。習相遠也。昔者堯舜桀紂俱天子也。堯舜自飾以仁義。雖爲天子。安於節儉。茅茨不翦。采椽不斲。後宮衣不重采。食不重味。至今數千歲。天下歸善焉。桀紂不自飾以仁義。習爲苛文。造爲高臺深池。後宮蹈綺縠。弄珠玉。意非有饜時也。身死國亡。爲天下笑。至今千餘歲。天下歸惡焉。由是觀之。飾與不飾相去千萬。尙不足言。何獨十百也。

〔後漢書班彪傳〕彪上言曰。孔子稱性相近。習相遠也。賈誼以爲習與善人居。不能無爲善。猶生長於齊不能無齊言也。習與惡人居。不能無爲惡。猶生長於楚不能無楚言也。是以聖人審所與居而戒愼所習。昔成王之爲孺子。出則周公召公太公史佚。入則太顚閎夭南宮括散宜生。左右前後禮無違者。故成王一日卽位。天下曠然太平。是以春秋愛子。敎以義方。不納於邪。驕奢淫佚。所自邪也。詩云。詒厥孫謀。以燕翼子。言武王之謀遺子孫矣。

〔又黨錮傳〕孔子曰。性相近也。習相遠也。言嗜惡之本同。而遷染之塗異也。夫刻意則行不肆。牽物則其志流。是以聖人導人理性。裁抑宕佚。愼其所與。節其所偏。雖情品萬區。質文異數。至於陶物振俗。其道一也。

〔論衡本性篇〕孔子曰。性相近也。習相遠也。夫中人之性。在所習焉。習善而爲善。習惡而爲惡也。至於極善極惡。非復在習。故孔子曰。惟上智與下愚不移。性有善不善。聖化賢敎。不能復移易也。

子曰。唯上知與下愚不移。

〔漢書古今人表〕見卷七述而篇若聖與仁章。二百零二葉

〔論衡本性篇〕見前章。二百七十八葉

〔中論夭壽篇〕夫聖人之敎。乃爲明允君子。豈徒爲愚惑之民哉。愚惑之民。威以斧鉞之戮。懲以刀墨之刑。遷之他邑而流於裔土。猶或不悛。況以言乎。故曰唯上知與下愚不移。

〔藝文類聚十一引王粲難鍾荀太平論〕聖莫盛於堯。而洪水方割。丹朱淫虐。四族凶佞矣。帝舜因之而三苗畔戾矣。禹又因而防風爲戮矣。此三聖古之所大稱也。繼踵相承。且二百年。而刑罰未嘗一世而乏也。然則此三聖能平。三聖能平。則何世能致之乎。孔子稱曰。唯上智與下愚不移。不移者。丹朱四凶三苗之謂也。當紂之世。殷罔不小大好草竊姦宄。周公遷殷頑民于洛邑。其下愚之人必有之矣。

子之武城。聞弦歌之聲。夫子莞爾而笑曰。割雞焉用牛刀。子游對曰。昔者偃也聞諸夫子曰。君子學道則愛人。小人學道則易使也。子曰。二三子。偃之言是也。

前言戲之耳。

〔史記仲尼弟子傳〕言偃。吳人。字子游。少孔子四十五歲。子游既已受業。爲武城宰。孔子過。聞弦歌之聲。孔子莞爾而笑曰。割雞焉用牛刀。子游曰。昔者偃聞諸夫子曰。君子學道則愛人。小人學道則易使。孔子曰。二三子。偃之言是也。前言戲之耳。

公山弗擾以費畔。召子欲往。子路不說。曰。末之也已。何必公山氏之之也。子曰。夫召我者而豈徒哉。如有用我者。吾其爲東周乎。

〔史記孔子世家〕公山不狃以費畔季氏。使人召孔子。孔子循道彌久。溫溫無所試。莫能己用。曰。蓋周文武起豐鎬而王。今費雖小。儻庶幾乎。欲往。子路不說。止孔子。孔子曰。夫召我者豈徒哉。如用我。其爲東周乎。然亦卒不行。

〔鹽鐵論褒賢篇〕文學曰。周室衰。禮義壞。不能統理天下。諸侯交爭。相滅亡。并爲六國。兵革不休。民不得寧息。秦以虎狼之心。蠶食諸侯。幷吞戰國。以爲郡縣。伐能矜功。自以爲過堯舜而羞與之同。棄仁義而尚刑罰。以爲今時不師於文而決於武。趙高治獄於內。蒙恬用兵於外。百姓愁苦。同心而患秦陳王赫然奮爪牙爲天下首事道雖凶而儒墨或干之者以爲無王久矣道擁遏不得行自孔子以至於茲而秦復重禁之故發憤於陳王也孔子曰如有用我者吾其爲東周乎庶幾成湯文武之功爲百姓除殘去賊豈貪祿位哉

〔說苑至公篇〕孔子生於亂世莫之能容也故言行於君澤加於民然後仕言不行於君澤不加於民則處孔子懷天覆之心挾仁聖之德憫時俗之汙泥傷紀綱之廢壞服重歷遠周流應聘乃俟幸施道以子百姓而當世諸侯莫能任用是以德積而不肆大道屈而不伸海內不蒙其化羣生不被其恩故喟然歎曰而有用我者則吾其爲東周乎故孔子行說非欲私身運德於一城將欲舒之於天下而建之於羣生者耳

〔論衡問孔篇〕公山弗擾以費畔召子欲往子路曰末如也已何必公山氏之之也子曰夫召我者而豈徒哉如用我吾其爲東周乎爲東周欲行道也

子張問仁於孔子孔子曰能行五者於天下爲仁矣請問之曰恭寬信敏惠恭則不侮寬則得衆信則人任焉敏則有功惠則足以使人

〔漢書王莽傳上〕陳崇草奏稱莽功德曰。當此之時。宮無儲主。董賢據重。加以傅氏有女之援。皆自知得罪天下。結讎中山。則必同憂。斷金相翼。藉假遺詔。頻用賞誅。先除所憚。急引所附。遂誣往冤。更徵遠屬。事埶張見。其不難矣。賴公立入。卽時退賢。及其黨親。當此之時。公運獨見之明。奮無前之威。盱衡厲色。振揚武怒。乘其未堅。厭其未發。震起機動。敵人摧折。雖有賁育。不及持刺。雖有樗里。不及回知。雖有鬼谷。不及造次。是故董賢喪其魂魄。遂自絞殺。人不還踵。日不移晷。霍然四除。更爲寧朝。非陛下莫引立公。非公莫克此禍。詩云。惟師尚父。時爲鷹揚。亮彼武王。孔子曰。敏則有功。公之謂矣。

〔後漢書王昌劉永等傳論〕傳稱盛德必百世祀。孔子曰。寬則得衆。夫能得衆心。則百世不忘矣。觀更始之際。劉氏之遺恩餘烈。英雄豈能抗之哉。然則知高祖孝文之寬仁。結於人心深矣。周人之思召公。愛其甘棠。又況其子孫哉。劉氏之再受命。蓋以此乎。

佛肸召。子欲往。子路曰。昔者由也聞諸夫子曰。親於其身爲不善者。君子不入也。佛肸以中牟叛。子之往也。如之何。子曰。然。有是言也。不曰堅乎。磨而不磷。不曰白乎。涅而不緇。吾豈匏瓜也哉。焉能繫而不食。

〔史記孔子世家〕佛肸爲中牟宰趙簡子攻范中行伐中牟佛肸畔使人召孔子孔子欲往子路曰由聞諸夫子其身親爲不善者君子不入也今佛肸親以中牟畔子欲往如之何孔子曰有是言也不曰堅乎磨而不磷不曰白乎涅而不淄我豈匏瓜也哉焉能繫而不食

〔論衡問孔篇〕佛肸召子欲往子路不說曰昔者由也聞諸夫子曰親於其身爲不善者君子不入也佛肸以中牟畔子之往也如之何子曰有是言也不曰堅乎磨而不磷不曰白乎涅而不淄吾豈匏瓜哉焉能繫而不食也子路引孔子往時所言以非孔子也往前孔子出此言欲令弟子法而行之子路引之以諫孔子曉之不曰前言戲若非而不可行而曰有是言者審有當行之也

子曰由也女聞六言六蔽矣乎對曰未也居吾語女好仁不好學其蔽也愚好知不好學其蔽也蕩好信不好學其蔽也賊好直不好學其蔽也絞好勇不好學其蔽也亂好剛不好學其蔽也狂

〔漢紀六高后紀〕荀悅曰今人見有不移者因曰人事無所能移見有可移者因曰無天命見天人之殊遠者因曰人事不相干知神氣流通者人共事而同業此皆守其一端而不究終始易曰有天

道焉。有地道焉。有人道焉。言其異也。兼三才而兩之。言其同也。故天人之道。有同有異。據其所以異而責其所以同。則成矣。守其所以同而求其所以異。則弊矣。孔子曰。好知不好學。其弊也蕩。末俗見其紛亂事變乖錯。則異心橫出。而失其所以守。於是放蕩反道之論生。而誣神非聖之義作。

子曰。禮云禮云。玉帛云乎哉。樂云樂云。鐘鼓云乎哉。

〔荀子大略篇〕聘禮志曰。幣厚則傷德。財侈則殄禮。禮云禮云。玉帛云乎哉。

〔春秋繁露玉杯篇〕志爲質。物爲文。文著於質。質不居文。文安施質。質文兩備。然後其禮成。文質偏行。不得有我爾之名。俱不能備而偏行之。寧有質而無文。雖弗予能禮。尚少善之。介葛盧來是也。有文無質。非直不予。乃少惡之。謂州公寔來是也。然則春秋之序道也。先質而後文。右志而左物。故曰。禮云禮云。玉帛云乎哉。推而前之。亦宜曰。朝云朝云。辭令云乎哉。樂云樂云。鐘鼓云乎哉。引而後之。亦宜曰。喪云喪云。衣服云乎哉。是故孔子立新王之道。明其貴志以反和。見其好誠以滅僞。其有繼周之弊。故若此也。

〔漢書禮樂志〕樂以治內而爲同。禮以修外而爲異。同則和親。異則畏敬。和親則無怨。畏敬則不爭。

揖讓而天下治者。禮樂之謂也。二者並行。合爲一體。畏敬之意難見。則著之於享獻辭受登降跪拜。和親之說難形。則發之於詩歌詠言鐘石筦弦。蓋嘉其敬意而不及其財賄。美其歡心而不流其聲音。故孔子曰。禮云禮云。玉帛云乎哉。樂云樂云。鐘鼓云乎哉。此禮樂之本也

〔風俗通聲音篇〕世本垂作鐘。秋分之音也。詩鼓鐘于宮。聲聞於外。論語云。樂云樂云。鐘鼓云乎哉。

子曰。鄉原。德之賊也。

〔孟子盡心下篇〕孔子曰。過我門而不入我室。我不憾焉者。其爲鄉原乎。鄉原德之賊也。曰。何如斯可謂之鄉原矣。曰。何以是嘐嘐也。言不顧行。行不顧言。則曰。古之人。古之人。行何爲踽踽涼涼。生斯世也。爲斯世也。善斯可矣。閹然媚於世也者。是鄉原也。萬章曰。一鄉皆稱原人焉。無所往而不爲原人。孔子以爲德之賊。何哉。曰。非之無擧也。刺之無刺也。同乎流俗。合乎汚世。居之似忠信。行之似廉潔。衆皆悅之。自以爲是。而不可與入堯舜之道。故曰德之賊也。孔子曰。惡似而非者。惡莠。恐其亂苗也。惡佞。恐其亂義也。惡利口。恐其亂信也。惡鄭聲。恐其亂樂也。惡紫。恐其亂朱也。惡鄉原。恐其亂德也。君子反經而已矣。經正則庶民興。庶民興斯無邪慝矣。

〔論衡定賢篇〕夫如是皆有非也。無一非者。可以爲賢乎。是則鄉原之人也。孟子曰。非之無舉也。刺之無刺也。同於流俗。合於汚世。居之似忠信。行之似廉潔。衆皆悅之。自以爲是。而不可與入堯舜之道。故孔子曰。鄉原。德之賊也。似之而非者。孔子惡之。

子曰。鄙夫可與事君也與哉。其未得之也。患得之。既得之。患失之。苟患失之。無所不至矣。

〔漢書朱雲傳〕朱雲曰。今朝廷大臣。上不能匡主。下無以益民。皆尸位素餐。孔子所謂鄙夫不可與事君。苟患失之。無所不至者也。臣願賜尙方斬馬劍。斷佞臣一人頭。以厲其餘。

〔又翟方進傳〕方進奏咸與逢信。邪枉貪汙。營私多欲。皆知陳湯姦佞傾覆。利口不軌。而親交賂遺以求薦舉。後爲少府。數饋遺湯。信咸幸得備九卿。不思盡忠正身。內自知行辟無功效。而官媚邪臣。欲以徼幸。苟得無恥。孔子曰。鄙夫可與事君也與哉。咸信之謂也。

〔後漢書李法傳〕法坐失旨。下有司。免爲庶人。還鄉里。杜門自守。故人儒生時有候之者。言談之次。問其不合上意之由。法未嘗應對。友人固問之。法曰。鄙夫可與事君也哉。苟患失之。無所不至。孟子有言。夫仁者如射。正己而後發。發而不中。不怨勝己者。反諸身而已矣。

〔潛夫論愛日篇〕孝明皇帝嘗問今旦何得無上書者。左右對曰。反支故。帝曰。民既廢農遠來詣闕。而復使避反支。是則又奪其日而寃之也。乃勑公車受章無避反支。上明聖主爲民愛日如此。而有司輕奪民時如彼。蓋所謂有君無臣。有主無佐。元首聰明。股肱怠惰者也。詩曰。國既卒斬。何用不監。傷三公居人尊位。食人重祿。而曾不肯察民之盡瘁也。孔子病夫未之得也。患不得之。既得之。患失之者。今公卿始起州郡而致宰相。此其聰明智慮未必闇也。患其苟先私計而後公義耳。

子曰。惡紫之奪朱也。惡鄭聲之亂雅樂也。惡利口之覆邦家者。

〔孟子盡心下篇〕見本卷上文鄉原德之賊也章。二百八十五葉

〔尹文子大道下篇〕語曰。佞辯可以熒惑鬼神。曰。鬼神聰明正直。孰曰熒惑者。曰。鬼神誠不受熒惑。此尤佞辨之巧靡不入也。夫安辨者雖不能熒惑鬼神。熒惑人明矣。探人之心。度人之欲。順人之嗜好而不敢逆。納人於邪惡而求其利。人喜聞己之美也。善能揚之。惡聞己之過也。善能飾之。得之於眉睫之間。承之於言行之先。語曰。惡紫之奪朱。惡利口之覆邦家。斯言足畏。而終身莫悟。危亡繼踵

焉。

〔漢書蒯通傳贊〕仲尼惡利口之覆邦家。蒯通一説而喪三儁。其得不烹者幸也。

〔又杜欽傳〕欽對策曰。殷因於夏尚質。周因於殷尚文。今漢家承周秦之敝。宜抑文尚質。廢奢長儉。表實去僞。孔子曰。惡紫之奪朱。當世治之所務也。

〔又孫寶傳〕制詔曰。司隸寶奏故尚書僕射崇寃。請獄治尚書令昌。案崇近臣。罪惡暴著。而寶懷邪附下罔上。以春月作詆欺。遂其姦心。蓋國之賊也。傳不云乎。惡利口之覆國家。其免寶爲庶人。

子曰。予欲無言。子貢曰。子如不言。則小子何述焉。子曰。天何言哉。四時行焉。百物生焉。天何言哉。

〔漢書王吉傳〕吉奏書戒昌邑王曰。臣聞高宗諒闇。三年不言。今大王以喪事徵。宜日夜哭泣悲哀而已。愼勿有所發。且何獨喪事。凡南面之君。何言哉。天不言。四時行焉。百物生焉。願大王察之。

〔論衡卜筮篇〕孔子曰。天何言哉。四時行焉。百物生焉。天不言。則亦不聽人之言。天道稱自然無爲。今人問天地。天地報應。是自然之有爲以應人也。

宰我問。三年之喪期已久矣。君子三年不爲禮。禮必壞。三年不爲樂。樂必崩。舊穀既沒。新穀既升。鑽燧改火。期可已矣。子曰。食夫稻。衣夫錦。於女安乎。曰安。女安則爲之。夫君子之居喪。食旨不甘。聞樂不樂。居處不安。故不爲也。今女安則爲之。宰我出。子曰。予之不仁也。子生三年。然後免於父母之懷。夫三年之喪。天下之通喪也。予也有三年之愛於其父母乎。

〔史記封禪書〕傳曰。三年不爲禮。禮必廢。三年不爲樂。樂必壞。每世之隆。則封禪荅焉。及衰而息。厥曠典遠者千有餘載。近者數百載。故其儀闕然湮滅。其詳不可得而記聞云。

〔又仲尼弟子傳〕宰予字子我。利口辯辭。既受業。問三年之喪不已久乎。君子三年不爲禮。禮必壞。三年不爲樂。樂必崩。舊穀既沒。新穀既升。鑽燧改火。期可已矣。子曰。於汝安乎。曰安。汝安則爲之。君子居喪。食旨不甘。聞樂不樂。故弗爲也。宰我出。子曰。予之不仁也。子生三年。然後免於父母之懷。夫三年之喪。天下之通義也。宰予晝寢。子曰。朽木不可雕也。糞土之牆不可圬也。

子曰。飽食終日。無所用心。難矣哉。

〔後漢書和熹鄧太后紀〕詔鄧豹等曰。吾所以引納羣子置之學官者。實以方今承百王之敝。時俗淺薄。巧僞滋生。五經衰缺。不有化導。將遂陵遲。故欲褒崇聖道。以匡失俗。傳不云乎。飽食終日。無所用心。難矣哉。今末世貴戚食祿之家。溫衣美飯。乘堅驅良。而面牆術學。不識臧否。斯故禍敗所由來也。

不有博弈者乎。爲之猶賢乎已。

〔漢書王襃傳〕上令襃與張子僑等並待詔。數從襃等放獵。所幸宮館。輒爲歌頌。等其高下。以差賜帛。議者多以爲淫靡不急。上曰。不有博奕者乎。爲之猶賢乎已。辭賦大者與古詩同義。小者辯麗可喜。譬如女工有綺縠。音樂有鄭衛。今世俗猶皆以此娛悅耳目。辭賦比之。尚有仁義風喩。鳥獸草木多聞之觀。賢於倡優博奕遠矣。

子路曰。君子尚勇乎。子曰。君子義以爲上。君子有勇而無義爲亂。小人有勇而無義爲盜。

〔史記仲尼弟子傳〕見卷十三子路篇子路問政章。百九十一葉

〔漢書地理志〕故秦地於禹貢時跨雍梁二州。詩風兼秦豳兩國。昔后稷封斄。公劉處豳。大王徙郊。文王作酆。武王治鎬。其民有先王遺風。好稼穡。務本業。故豳詩言農桑衣食之本甚備。有鄠杜竹林。南山檀柘。號稱陸海。爲九州膏腴。始皇之初。鄭國穿渠。引涇水溉田。沃野千里。民以富饒。漢興。立都長安。徙齊諸田楚昭屈景及諸功臣家於長陵。後世世徙吏二千石高訾富人及豪傑幷兼之家於諸陵。蓋亦以彊幹弱枝。非獨爲奉山園也。是故五方雜厝。風俗不純。其世家則好禮文。富人則商賈爲利。豪傑則遊俠通姦。瀕南山近夏陽。多阻險輕薄。易爲盜賊。常爲天下劇。又郡國輻湊。浮食者多。民去本就末。列侯貴人車服僭上。衆庶放效。羞不相及。嫁娶尤崇侈靡。送死過度。天水隴西山多林木。民以板爲室屋。及安定北地上郡西河皆迫近戎狄。修習戰備。高上氣力。以射獵爲先。故秦詩曰。在其板屋。又曰。王于興師。修我甲兵。與子偕行。又車轔四載小戎之篇。皆言車馬田狩之事。漢興。六郡良家子選給羽林期門。以材力爲官。名將多出焉。孔子曰。君子有勇而無義則爲亂。小人有勇而無義則爲盜。故此數郡民俗質木。不恥寇盜。

子貢曰。君子亦有惡乎。子曰。有惡。惡稱人之惡者。惡居下流而訕上者。惡勇而無禮者。惡果敢而窒者。曰。賜也亦有惡乎。惡徼以爲知者。惡不孫以爲勇者。惡訐以爲直者。

〔中論覈辯篇〕君子之辯也。欲以明大道之中也。是豈取一坐之勝哉。人心之於是非也。如口之於味也。口者非以己之調膳則獨美。而與人調之則不美也。故君子之於道也。在彼猶在己也。苟得其中。則我心悅焉。何擇於彼。苟失其中。則我心不悅焉。何取於此。故其論也。遇人之是則止矣。遇人之是而猶不止。苟言苟辯。則小人也。雖美說。何異乎鵙之好鳴。鐸之喧譁哉。故孔子曰。小人毀訾以爲辯。絞急以爲智。不孫以爲勇。斯乃聖人所惡。而小人以爲美。豈不哀哉。

子曰。唯女子與小人爲難養也。近之則不孫。遠之則怨。

〔後漢書爰延傳〕延上封事曰。邪臣惑君。亂妾危言。以非所言則悅於耳。以非所行則玩於目。故令人君不能遠之。仲尼曰。唯女子與小人爲難養。近之則不孫。遠之則怨。蓋聖人之所戒也。

論語古義卷十七竟

論語古義卷十八

長沙　楊樹達撰集

微子篇第十八

微子去之。箕子爲之奴。比干諫而死。孔子曰。殷有三仁焉。

〔史記宋世家贊〕太史公曰。孔子稱微子去之。箕子爲之奴。比干諫而死。殷有三仁焉。春秋譏宋之亂自宣公廢太子而立弟國以不寧者十世。襄公之時修行仁義。欲爲盟主。其大夫正考父美之。故追道契湯高宗殷所以興。作商頌。襄公既敗於泓。而君子或以爲多。傷中國闕禮義。褒之也。宋襄之有禮讓也。

〔春秋繁露對膠西王越大夫不得爲仁篇〕命令相曰。大夫蠡大夫種大夫庸大夫睪大夫車成。越王與此五大夫謀伐吳。遂滅之。雪會稽之恥。卒爲霸王。范蠡去之。種死之。寡人以此二大夫者爲皆賢。孔子曰。殷有三仁。今以越王之賢與蠡種之能。此三仁者。寡人亦以爲越有三仁。其於君何如。桓公決疑於管仲。寡人決疑於君。

〔中論智行篇〕殷有三仁。微子介於石。不終日。箕子內難而能正其志。比干諫而剖心。君子以微子爲上。箕子次之。比干爲下。故春秋大夫見殺。皆譏其不能以智自免也。

柳下惠爲士師。三黜。人曰。子未可以去乎。曰。直道而事人。焉往而不三黜。枉道而事人。何必去父母之邦。

〔鹽鐵論相刺篇〕文學曰。扁鵲不能治不受鍼藥之疾。聖賢不能正不食諫諍之君。故桀有關龍逢而亡。夏殷有三人而商滅。不患無由余夷吾之倫。患無桓穆之聽耳。是以孔子東西無所適。遇屈原放逐於楚國。故曰。直道而事人。焉往而不三黜。枉道而事人。終非以此言而不見從。行而不合者也。

齊景公待孔子。曰。若季氏。則吾不能。以季孟之間待之。曰。吾老矣。不能用也。孔子行。

〔史記孔子世家〕異日。景公止孔子曰。奉子以季氏。吾不能。以季孟之間待之。齊大夫欲害孔子。孔子聞之。景公曰。吾老矣。弗能用也。孔子遂行。反乎魯。

齊人歸女樂。季桓子受之。三日不朝。孔子行。

〔史記孔子世家〕齊人聞而懼曰。孔子爲政必霸。霸則吾地近焉。我之爲先幷矣。盍致地焉。黎鉏曰。請先嘗沮之。沮之而不可。則致地庸遲乎。於是選齊國中女子好者八十人。皆衣文衣而舞康樂。文馬四十駟。遺魯君。陳女樂文馬於魯城南高門外。季桓子微服往觀再三。將受。乃語魯君爲周道游。往觀終日。怠於政事。子路曰。夫子可以行矣。孔子曰。魯人且郊。如致膰乎大夫。則吾猶可以止。桓子卒受齊女樂。三日不聽政。郊又不致膰俎於大夫。孔子遂行。

〔白虎通諫諍篇〕所諫事已行者。遂去不留。凡待放者。冀君用其言耳。事已行。災咎將至。無爲留之。易曰。介如石。不終日。貞吉。論語曰。三日不朝。孔子行。

楚狂接輿歌而過孔子曰。鳳兮鳳兮。何德之衰。往者不可諫。來者猶可追。已而已而。今之從政者殆而。孔子下。欲與之言。趨而辟之。不得與之言。

〔莊子人閒世篇〕孔子適楚。楚狂接輿遊其門曰。鳳兮鳳兮。何如德之衰也。來世不可待。往世不可追也。天下有道。聖人成焉。天下無道。聖人生焉。方今之時。僅免刑焉。福輕乎羽。莫之知載。禍重乎地。莫之知避。已乎已乎。臨人以德。殆乎殆乎。畫地而趨。迷陽迷陽。无傷吾行。吾行郤曲。无傷吾足。

長沮桀溺耦而耕。孔子過之。使子路問津焉。長沮曰。夫執輿者爲誰。子路曰。爲孔丘。曰。是魯孔丘與。曰。是也。曰。是知津矣。問於桀溺。桀溺曰。子爲誰。曰。爲仲由。曰。是魯孔丘之徒與。對曰。然。曰。滔滔者天下皆是也。而誰以易之。且而與其從辟人之士也。豈若從辟世之士哉。耰而不輟。

〔論衡知實篇〕長沮桀溺耦而耕。孔子過之。使子路問津焉。如孔子知津。不當更問。論者曰。欲觀隱者之操。則孔子先知。當自知之。無爲觀也。如不知而問之。是不能先知七也。

子路行以告。夫子憮然曰。鳥獸不可與同羣。

〔魏志管輅傳引輅別傳〕渤海劉長仁有辯才。初雖聞輅能曉鳥鳴。後每見難輅曰。夫生民之音曰言。鳥獸之音曰鳴。故言者則有知之貴靈。鳴者則無知之賤名。何由以鳥鳴爲語。亂神明之所異也。孔子曰。吾不與鳥獸同羣。明其賤也。

吾非斯人之徒與而誰與。天下有道。丘不與易也。

〔魏志管寧傳〕明帝詔青州刺史曰。寧抱道懷眞。潛翳海隅。比下徵書。違命不至。盤桓利居。高尚其事雖有素履幽人之貞而失考父茲恭之義使朕虛心引領歷年其何謂耶徒欲懷安必肆其志不惟古人亦有翻然改節以隆斯民乎日逝方除時方已過澡身浴德將以曷爲仲尼有言吾非斯人之徒與而誰與哉其命別駕從事郡丞掾奉詔以禮發遣

逸民伯夷叔齊虞仲夷逸朱張柳下惠少連子曰不降其志不辱其身伯夷叔齊與謂柳下惠少連降志辱身矣言中倫行中慮其斯而已矣謂虞仲夷逸隱居放言身中清廢中權我則異於是無可無不可

〔史記孔子世家〕見卷十四憲問篇莫我知也夫章二百二十八葉

〔漢書地理志〕見卷八泰伯篇泰伯可謂至德也已矣章百零五葉

大師摯適齊亞飯干適楚三飯繚適蔡四飯缺適秦鼓方叔入于河播鼗武入于漢少師陽擊磬襄入于海

〔白虎通禮樂篇〕王者所以日四食何明有四方之物食四方之功也四方不平四時不順有徹膳之法焉所以明至尊著法戒焉王者平居中央制御四方平旦食少陽之始也晝食太陽之始也餔

食少陰之始也。暮食太陰之始也。論語曰。亞飯干適楚。三飯繚適蔡。四飯缺適秦。

周公謂魯公曰。君子不施其親。不使大臣怨乎不以。

〔潛夫論三式篇〕今列侯或有德宜子民。而道不得施。或有凶頑醜口。不宜有國。而惡不上聞。且人情莫不以己爲賢。而效其能者。周公之戒。不使大臣怨乎不以。詩云。駕彼四牡。四牡項領。今列侯年卅以來。宜皆試補長吏墨綬以上。關內侯補黃綬。以信其志。以旌其能。其有韓侯邵虎之德。上有功於天子。下有益於百姓。則稍遷位益土。以彰有德。其懷姦藏惡尤無狀者。削土奪國。以明好惡。

〔魏志杜畿傳〕昔周公戒魯侯曰。無使大臣怨乎不以。不言賢愚。明皆當世用也。堯數舜之功。稱去四凶。不言大小。有罪則去也。今者朝臣不自以爲不能。以陛下爲不任也。不自以爲不智。以陛下爲不問也。陛下何不遵周公之所以用。大舜之所以去。使侍中尚書坐則侍幄帷。行則從華輦。親對詔問。所陳必達。則羣臣之行。能否皆可得而知。忠能者進。闇劣者退。誰敢依違而不自盡。以陛下之聖明。親與羣臣論議政事。使羣臣人得自進。人自以爲親。人思所以報。賢愚能否。在陛下之所用。以此治事。何事不辦。以此建功。何功不成。

故舊無大故。則不棄也。無求備於一人。

〔漢書東方朔傳〕見卷十三子路篇仲弓爲季氏宰章。百九十二葉

〔又東思平王宇傳〕元帝以璽書賜王太后曰。閨門之內。母子之間。同氣異息。骨肉之恩。豈可忽哉。豈可忽哉。昔周公戒伯禽曰。故舊無大故。則不可棄也。毋求備於一人。夫以故舊之恩。猶忍小惡而況此乎。已遣使者諭王。王既悔過服罪。太后寬忍以貰之。後宜不敢。

周有八士。伯達。伯适。仲突。仲忽。叔夜。叔夏。季隨。季騧。

〔白虎通姓名篇〕質家所以積于仲何。質者親親。故積于仲。文家尊尊。故積于叔。即如是。論語曰。周有八士。伯達。伯适。仲突。仲忽。叔夜。叔夏。季隨。季騧。不積于叔何。蓋以兩兩俱生故也。不積于伯季。明其無二也。

論語古義卷十八竟

論語古義卷十九

長沙 楊樹達撰集

子張篇第十九

子夏之門人問交於子張。子張曰。子夏云何。對曰。子夏曰。可者與之。其不可者拒之。子張曰。異乎吾所聞。君子尊賢而容衆。嘉善而矜不能。我之大賢與。於人何所不容。我之不賢與。人將拒我。如之何其拒人也。

〔韓詩外傳卷九〕傳曰。堂衣若扣孔子之門。曰。丘在乎。丘在乎。子貢應之曰。君子尊賢而容衆。嘉善而矜不能。親內及外。己所不欲。勿施於人。子何言吾師之名焉。

〔後漢書朱穆傳論〕見卷五公冶長篇晏平仲善與人交章。六十四葉

子夏曰。雖小道。必有可觀者焉。致遠恐泥。是以君子不爲也。

〔漢書藝文志〕小說家者流。蓋出於稗官。街談巷語。道聽塗說者之所造也。孔子曰。雖小道。必有可觀者焉。致遠恐泥。是以君子弗爲也。然亦弗滅也。閭里小知者之所及。亦使綴而不忘。如或一言可

采此亦芻蕘狂夫之議也。

子夏曰博學而篤志切問而近思仁在其中矣。

〔後漢章帝紀〕見卷七述而篇德之不修章。十九葉

子夏曰百工居肆以成其事君子學以致其道。

〔鹽鐵論通有篇〕大夫曰古者宮室有度輿服以庸采椽茅茨非先王之制也君子節奢刺儉儉則固昔孫叔敖相楚妻不衣帛馬不秣粟孔子曰不可大儉極下此蟋蟀所爲作也管子曰不飾宮室則材木不可勝用不充庖廚則禽獸不損其壽無味利則本業所出無黼黻則女工不施故工商梓匠邦國之用器械之備也自古有之非獨於此弦高飯牛於周五羖賃車入秦公輸子以規矩歐冶以鎔鑄語曰百工居肆以致其事農商交易以利本末山居澤處蓬蒿墝埆財物流通有以均之是以多者不獨衍少者不獨饉若各居其處食其食則是橘柚不鬻朐鹵之鹽不出旃罽不市而吳唐之材不用也。

〔白虎通辟雍篇〕古者所以年十五入大學何以爲八歲毀齒始有識知入學學書計七八十五陰

陽備。故十五成童志明。入大學。學經籍。學之爲言覺也。以覺悟所不知也。故學以治性。慮以變情。故玉不琢。不成器。人不學。不知義。子夏曰。百工居肆以成其事。君子學以致其道。故曲禮曰。十年曰幼。學。論語曰。吾十有五而志於學。三十而立。又曰。生而知之者上也。學而知之者次也。是以雖有自然之性。必立師傅焉。

子夏曰。君子有三變。望之儼然。卽之也溫。聽其言也厲。

〔吳志步騭傳〕見卷九子罕篇夫子循循然善誘人節。百三十六葉

子夏曰。君子信而後勞其民。未信則以爲厲己也。信而後諫。未信則以爲謗己也。

〔後漢書李雲傳〕禮有五諫。諷爲上。若夫託物見情。因文載旨。使言之者無罪。聞之者足以自戒。貴在於意達言從。理歸乎正。曷其狡訐摩上。以衒沽成名哉。李雲草茅之生。不識失身之義。遂乃露布帝者。班檄三公。至於誅死而不顧。斯豈古之狂哉。夫未信而諫。則以爲謗己。故說者識其難焉。

子夏曰。大德不踰閑。小德出入可也。

〔韓詩外傳卷二〕傳曰孔子遭齊程本子於郯之間傾蓋而語終日有間顧子路曰由束帛十匹以贈先生子路不對有間又顧曰束帛十匹以贈先生子路率爾而對曰昔者由也聞之於夫子士不中道相見女無媒而嫁者君子不行也孔子曰夫詩不云乎野有蔓草零露漙兮有美一人清揚婉兮邂逅相遇適我願兮且夫齊程本子天下之賢士也吾於是而不贈終身不之見矣大德不踰閑小德出入可也（說苑尊賢篇文同）

〔春秋繁露玉英篇〕器從名地從主人之謂制權之端焉不可不察也夫權雖反經亦必在可以然之域不在可以然之域故雖死亡終弗爲也公子目夷是也故諸侯父子兄弟不宜立而立者春秋視其國與宜立之君無以異也此皆在可以然之域也至於鄫取乎莒以之爲同居目曰莒人滅鄫此在不可以然之域也故諸侯在不可以然之域者謂之大德大德無踰閑者謂正經諸侯在可以然之域者謂之小德小德出入可也權譎也尚歸之以奉鉅經耳

子游曰子夏之門人小子當洒掃應對進退則可矣抑末也本之則無如之何

子夏聞之曰噫言游過矣君子之道孰先傳焉孰後倦焉譬諸草木區以別矣

〔牟子理惑論〕見卷二爲政篇爲政以德章十一葉

有始有卒者其惟聖人乎

〔漢書董仲舒傳〕仲舒對策曰臣聞論語曰有始有卒者其唯聖人虖今陛下幸加惠留聽於承學之臣復下明冊以切其意而究盡聖德非愚臣之所能具也

曾子曰吾聞諸夫子人未有自致者也必也親喪乎

〔後漢書荀爽傳〕爽對策曰夫喪親自盡喪之終也今之公卿及二千石三年之喪不得卽去殆非所以增崇孝道而克稱大德者也往者孝文勞謙行過乎儉故其遺詔以日易月此當時之宜不可貫之萬世古今之制雖有損益而諒闇之禮未嘗改移以示天下莫遺其親今公卿羣寮皆政教所瞻而父母之喪不得奔赴夫仁義之行自上而始敦厚之俗以應乎下傳曰喪祭之禮闕則人臣之恩薄背死忘生者衆矣曾子曰人未有自致者必也親喪乎春秋傳曰上之所爲民之歸也夫上所不爲而民或爲之故加刑罰若上之所爲民亦爲之又何誅焉昔翟方進以自備宰相而不敢踰制至遭母憂三十六日而除夫失禮之源自上而始古者大喪三年不呼其門所謂崇國厚俗篤化之

道也事宜失正過勿憚改天下通喪可如舊禮

孟氏使陽膚爲士師問於曾子曾子曰上失其道民散久矣如得其情則哀矜而勿喜

〔漢書刑法志〕見卷二爲政篇道之以政章第十二

〔又游俠傳〕及至漢興禁網疏闊未之匡改也是故代相陳豨從車千乘而吳濞淮南皆招賓客以千數外戚大臣魏其武安之屬競逐於京師布衣游俠劇孟郭解之徒馳騖於閭閻權行州域力折公侯衆庶榮其名迹覬而慕之雖其陷於刑辟自與殺身成名若季路仇牧死而不悔也故曾子曰上失其道民散久矣非明王在上視之以好惡齊之以禮法民曷繇知禁而反正乎

〔鹽鐵論後刑篇〕賢良曰古者篤教以導民明辟以正刑刑之於治猶策之於御也良工不能無策而御有策而勿用聖人假法以成教教成而刑不施故威厲而不殺刑設而不犯今廢其綱紀而不能張壞其禮義而不能防民陷於罔從而獵之以刑是猶開其闌牢發以毒矢也不盡不止曾子曰上失其道民散久矣如得其情卽哀矜而勿喜夫不傷民之不治而伐己之能得姦猶弋者覩鳥獸

挫尉羅而喜也。

〔論衡雷虛篇〕且天之用心。猶人之用意。人君罪惡初聞之時。怒以非之。及其誅之。哀以憐之。故論語曰。如得其情則哀矜而勿喜。

〔後漢書郭躬傳論〕曾子曰。上失其道。民散久矣。如得其情則哀矜而勿喜。夫不喜於得情則恕心用。恕心用則可寄枉直矣。夫賢人君子斷獄。其必主於此乎。郭躬起自佐史。小大之獄必察焉。原其平刑審斷。庶於無喜者乎。若乃推己以議物。捨狀以貪情。法家之能慶延于世。蓋由此也。

〔又孔融傳〕融建議曰。古者敦厖。善否不別。吏端刑淸。政無過失。百姓有罪。皆自取之。末世陵遲。風化壞亂。政擾其俗。法害其人。故曰。上失其道民散久矣。而欲繩之以古刑。投之以殘棄。非所謂與時消息者也。

子貢曰。紂之不善。不如是之甚也。是以君子惡居下流。天下之惡皆歸焉。

〔漢書叙傳〕自大將軍薨後。富平定陵侯張放淳于長等始愛幸。出爲微行。行則同輿執轡。入侍禁中。設宴飲之會。及趙李諸侍中皆引滿舉白。談笑大噱。時乘輿幄坐張畫屏風。畫紂醉踞妲己作長夜之樂。上以伯新起。數目禮之因。顧指畫而問伯。紂爲無道至於是乎。伯對曰。書云。迺用婦人之言。何用踞肆於朝。所謂衆惡歸之不如是之甚者也。上曰。苟不若此。此圖何戒。伯曰。沈湎于酒。微子所以告去也。式號式謼。大雅所以流連也。詩書淫亂之戒。其原皆在於酒。

〔論衡語增篇〕世稱紂力能索鐵伸鉤。又稱武王伐之兵不血刃。夫以索鐵伸鉤之力當人。則是孟賁夏育之匹也。以不血刃之德取人。是則三皇五帝之屬也。以索鐵之力不宜受服。以不血刃之德不宜頓力。今稱紂力。則武王德貶。譽武王。則紂力少。索鐵不血刃。不得兩立。殷周之稱。不得二全。不得二全。則必一非。孔子曰。紂之不善。不若是之甚也。是以君子惡居下流。天下之惡皆歸焉。

〔又齊世篇〕夫經有褒增之文。世有空加之言。讀經覽書者所共見也。孔子曰。紂之不善。不若是之甚也。是以君子惡居下流。天下之惡者皆歸焉。世常以桀紂與堯舜相反。稱美則說堯舜。言惡則舉桀紂。孔子曰。紂之不善。不若是之甚也。則知堯舜之德。不若是之盛也。

衛公孫朝問於子貢曰。仲尼焉學。

〔白虎通姓名篇〕見卷三八佾篇王孫賈問曰章。三十五葉子貢曰。文武之道未墜於地。在人。賢者識其大者。不賢者識其小者。莫不有文武之道焉。

〔史記仲尼弟子傳〕陳子禽問子貢曰。仲尼焉學。子貢曰。文武之道未墜於地。在人。賢者識其大者。不賢者識其小者。莫不有文武之道。夫子焉不學。而亦何常師之有。

〔漢書劉歆傳〕歆移書太常博士曰。夫禮失求之於野。古文不猶愈於野乎。往者博士書有歐陽春秋公羊易則施孟。然孝宣皇帝猶復廣立穀梁春秋梁丘易大小夏侯尚書。義雖相反。猶並置之。何則。與其過而廢之也。寧過而立之。傳曰。文武之道未墜於地。在人。賢人志其大者。不賢者志其小者。今此數家之言。所以兼包大小之義。豈可偏絕哉。

〔白虎通禮樂篇〕見卷七述而篇蓋有不知而作之者章。九十九葉

夫子焉不學。而亦何常師之有。

〔史記仲尼弟子傳〕見卷五公冶長篇子謂子貢曰章。五十九葉

〔論衡實知篇〕人才有高下。知物由學。學之乃知。不問不識。子貢曰。夫子焉不學。而亦何常師之有。

孔子曰。吾十有五而志乎學。

[牟子理惑篇]書不必孔丘之言。藥不必扁鵲之方。合義者從。愈病者良。君子博取衆善。以輔其身。子貢云。夫子何常師之有乎。堯事尹壽。舜事務成。旦學呂望。丘學老聃。亦俱不見於七經也。

叔孫武叔語大夫於朝曰。子貢賢於仲尼。子服景伯以告子貢。子貢曰。譬之宮牆。賜之牆也及肩。窺見室家之好。夫子之牆數仞。不得其門而入。不見宗廟之美百官之富。得其門者蓋寡矣。夫子之云。不亦宜乎。

[白虎通社稷篇]社稷在中門之外。外門之內。何尊而親之。與先祖同也。不置中門內何。敬之。示不褻瀆也。論語曰。譬諸宮牆。不得其門而入。不見宗廟之美百官之富。祭義曰。右社稷左宗廟。

[論衡別通篇]子貢曰。不得其門而入。不見宗廟之美百官之富。蓋以宗廟百官。喻孔子道也。孔子道美。故譬以宗廟。衆多非一。故喻以百官。

[太平御覽百七十四引風俗通]論語。夫子宮牆數仞。禮記。季武子入宮不敢哭。由是言之。宮室一也。秦漢以來。尊者以宮爲常號。下乃避之。云室耳。弟子職云。室中握手。論語曰。譬如宮牆。由此言之。

宮其外。室其內也。

叔孫武叔毀仲尼。子貢曰。無以爲也。仲尼不可毀也。他人之賢者。丘陵也。猶可踰也。仲尼。日月也。無得而踰焉。人雖欲自絕。其何傷於日月乎。多見其不知量也。

〔風俗通山澤篇〕尚書。民乃降邱度土。堯遭洪水。萬民皆山棲巢居。以避其害。禹決江疏河。民乃下邱營度爽塏之場。而邑落之。故邱之字。二人立一上。一者地也。四方高。中央下。像形也。詩云。至於頓邱。宛邱。邱之下。論語。他人之賢。邱陵也。

陳子禽謂子貢曰。子爲恭也。仲尼豈賢於子乎。子貢曰。君子一言以爲知。一言以爲不知。言不可不愼也。夫子之不可及也。猶天之不可階而升也。夫子之得邦家者。所謂立之斯立。道之斯行。綏之斯來。動之斯和。其生也榮。其死也哀。如之何其可及也。

〔漢書董仲舒傳〕故堯舜行德。則民仁壽。桀紂行暴。則民鄙夭。夫上之化下。下之從上。猶泥之在鈞。唯甄者之所爲。猶金之在鎔。唯冶者之所鑄。綏之斯俫。動之斯和。此之謂也。

論語古義卷十九竟

論語古義卷二十

長沙 楊樹達撰集

堯曰篇第二十

堯曰．咨爾舜．天之歷數在爾躬．允執其中．四海困窮．天祿永終．舜亦以命禹．

〔春秋繁露郊語篇〕今秦與周俱得爲天子．而所以事天者異於周．以郊爲百神始．始入歲首．必以正月上辛日先享天．乃敢於地．先貴之義也．夫歲先之與歲弗行也相去遠矣．天下福若無可怪者．然所以久弗行者．非灼灼見其當而故弗行也．典禮之官常嫌疑．莫能昭昭明其當也．今切以爲其當與不當．可內反於心而定也．堯謂舜曰．天之歷數在爾躬．言察身以知天也．今身有子．孰不欲其有子禮也．聖人正名．名不虛生．天子者．則天之子也．以身度天．獨何爲不欲其子之有子禮也．今爲其天子而闕然無祭於天．天何必善之．

〔說苑辨物篇〕故夫天文地理人情之效存於心．則聖智之府．是故古者聖王既臨天下．必變四時．定律歷．考天文．揆時變．登靈臺以望氣氛．故堯曰．咨爾舜．天之歷數在爾躬．允執其中．四海困窮．書曰在璿璣玉衡以齊七政。

〔漢書律曆志〕曆數之起上矣。傳述顓頊命南正重司天。火正黎司地。其後三苗亂德。二官咸廢。而閏餘乖次。孟陬殄滅。攝提失方。堯復育重黎之後。使纂其業。故書曰。迺命羲和。欽若昊天。歷象日月星辰。敬授民時。歲三百有六旬有六日。以閏月定四時成歲。允釐百官。衆功皆美。其後以授舜曰。咨爾舜。天之歷數在爾躬。舜亦以命禹。

〔又叙傳〕彪著王命論曰。昔在帝堯之禪曰。咨爾舜。天之歷數在爾躬。舜亦以命禹。洎于稷契。咸佐唐虞。光濟四海。奕世載德。至於湯武而有天下。雖其遭遇異時。禪代不同。至於應天順民。其揆一也。

曰予小子履。敢用玄牡。敢昭告於皇皇后帝。有罪不敢赦。帝臣不蔽。簡在帝心。朕躬有罪。無以萬方。萬方有罪。罪在朕躬。

〔墨子兼愛下篇〕夫兼相愛交相利。不惟禹誓爲然。雖湯說亦猶是也。湯曰。惟予小子履。敢用玄牡。告于上天后曰。今天大旱。卽當朕身履。未知得罪于上下。有善不敢蔽。有罪不敢赦。簡在帝心。萬方

有罪即當朕身朕身有罪無及萬夫

〔白虎通三軍篇〕王者受命質家先伐文家先改正朔何質家言天命已使已誅無道今誅得爲王故先伐文家言天命已成爲王者乃得誅伐王者耳故先改正朔也又改正朔者文代其質也文者先其文質者先其質故論語曰予小子履敢用玄牡敢昭告于皇天上帝此湯伐桀告天用夏家之牲也

〔又三正篇〕文家先改正質家先伐何改正者文伐者質文家先其文質家先其質論語曰予小子履敢用玄牡敢昭告於皇王后帝此湯伐桀告天以夏家之牲也詩曰命此文王于周于京此言文王改號爲周易邑爲京也又曰淸酒既載騂牡既備言文王之牲用騂周尙赤也

〔又姓名篇〕湯生於夏時何以用甲乙爲名曰湯王後乃更變名子孫法耳本名履故論語曰予小子履履湯名也

周有大賚善人是富雖有周親不如仁人百姓有過在予一人

〔墨子兼愛中篇〕昔者武王將事泰山隧傳曰泰山有道曾孫周王有事大事既獲仁人尙作以祗

商夏蠻夷醜貉雖有周親不若仁人萬方有罪惟予一人

〔說苑貴德篇〕武王克殷召太公而問曰將奈其士衆何太公對曰臣聞愛其人者兼屋上之鳥憎其人者惡其餘胥咸劉厥敵使靡有餘何如王曰不可太公出邵公入王曰爲之奈何邵公對曰有罪者殺之無罪者活之何如王曰不可邵公出周公入王曰爲之奈何周公曰使各居其宅田其田無變舊新唯仁是親百姓有過在予一人武王曰廣大乎平天下矣凡所以貴士君子者以其仁而有德也

〔漢書元帝紀〕詔曰蓋聞明主之治國也明好惡而定去就崇敬讓而民興行故法設而民不犯令施而民從今朕獲保宗廟兢兢業業匪敢解怠德薄明晻教化淺微傳不云乎百姓有過在予一人其赦天下賜民爵一級女子百戶牛酒三老孝弟力田帛

〔白虎通號篇〕或稱天子或稱帝王何以爲接上稱天子者明以爵事天也接下稱帝王者明位號天下至尊之稱以號令臣下也故尚書曰帝曰咨四岳王曰格汝衆或稱一人王者自謂一人者謙也欲言己材能當一人耳故論語曰百姓有過在予一人臣下謂之一人何亦所以尊王者也以天

下之大四海之內所共尊者一人耳故尙書曰不施予一人

謹權量審法度脩廢官四方之政行焉

〔漢書律歷志〕虞書曰乃同律度量衡所以齊遠近立民信也自伏戲畫八卦由數起至黃帝堯舜而大備三代稽古法度章焉周衰官失孔子陳後王之法曰謹權量審法度修廢官舉逸民四方之政行矣。

〔漢紀七文帝紀〕荀悅曰先王立政以制爲本三正五行服色歷數承天之制經國序民列官布職疆理品類辨方定物人倫之度自上已下降殺有序上有常制則政不頗下有常制則民不二官無淫度則事不悖民無淫制則業不廢貴不專寵富不獨奢民雖積財無所用之故世俗易足而情不濫姦宄不興禍亂不作此先王所以綱紀天下統成大業立德興功爲政之德也故曰謹權量審法度修廢官四方之政行矣

興滅國繼絕世

〔韓詩外傳卷八〕古者天子爲諸侯受封謂之采地百里諸侯以三十里七十里諸侯以二十里五

十里諸侯以十里其後子孫雖有罪而絀使子孫賢者守其地世世以祠其始受封之君此之謂興滅國繼絶世也

〔白虎通封公侯篇〕王者受命而作興滅國繼絶世何爲先王無道妄殺無辜及嗣子幼弱爲强臣所奪子孫皆無罪因而絶重其先人之功故復立之論語曰興滅國繼絶世

舉逸民天下之民歸心焉

〔後漢書逸民傳〕光武側席幽人求之若不及旌帛蒲車之所徵賁相望於巖中矣若薛方逢萌聘而不肯至嚴光周黨王霸至而不能屈羣方咸遂志士懷仁斯固所謂舉逸民天下歸心者乎

所重民食喪祭

〔漢書藝文志〕農家者流蓋出於農稷之官播百穀勸耕桑以足衣食故八政一曰食二曰貨孔子曰所重民食此其所長也及鄙者爲之以爲無所事聖王欲使君臣竝耕誖上下之序

寬則得衆信則民任焉敏則有功公則說

〔漢書王莽傳〕已見卷十七陽貨篇二百八十二葉

〔後漢書王昌傳〕已見卷十七陽貨篇，二百八十二葉

子張問於孔子曰。何如斯可以從政矣。子曰。尊五美。屏四惡。斯可以從政矣。子張曰。何謂五美。子曰。君子惠而不費。勞而不怨。欲而不貪。泰而不驕。威而不猛。

〔中論法象篇〕夫容貌者。人之符表也。符表正故情性治。情性治故仁義存。仁義存故盛德著。盛德著故可以爲法象。斯謂之君子矣。君子者。無尺土之封而萬民尊之。無刑罰之威而萬民畏之。無羽籥之樂而萬民樂之。無爵祿之賞而萬民懷之。其所以致之者一也。故孔子曰。君子威而不猛泰而不驕。

子張曰。何謂惠而不費。子曰。因民之所利而利之。斯不亦惠而不費乎。擇可勞而勞之。又誰怨。欲仁而得仁。又焉貪。君子無衆寡。無小大。無敢慢。斯不亦泰而不驕乎。君子正其衣冠。尊其瞻視。儼然人望而畏之。斯不亦威而不猛乎。

〔說苑修文篇〕冠者所以別成人也。修德束躬以自申飭。所以檢其邪心。守其正意也。君子始冠必祝成禮。加冠以厲其心。故君子成人必冠帶以行事。棄幼少嬉戲惰慢之心。而衎衎於進德脩業之

志。故服不成象而內心不變。內心修德。外被禮文。所以成顯令名者也。是故皮弁素積。百王不易。既以修德。又以正容。孔子曰。正其衣冠。尊其瞻視。儼然人望而畏之。斯不亦威而不猛乎。

子張曰。何謂四惡。子曰。不教而殺謂之虐。不戒視成謂之暴。慢令致期謂之賊。猶之與人也。出納之吝。謂之有司。

〔韓詩外傳卷三〕傳曰。魯有父子訟者。康子欲殺之。孔子曰。未可殺之。夫民父子訟之爲不義久矣。是則上失其道。上有道。是人亡矣。訟者聞之。請無訟。康子曰。治民以孝。殺一不義以僇不孝。不亦可乎。孔子曰。否。不教而聽其獄。殺不辜也。三軍大敗。不可誅也。獄讞不治。不可刑也。上陳之教而先服之。則百姓從風矣。邪行不從。然後俟之以刑。則民知罪矣。夫一仞之牆。民不能踰。百仞之山。童子登遊焉。凌遲故也。今其仁義之淩遲久矣。能謂民無踰乎。詩曰。俾民不迷。昔之君子道其百姓不使迷。是以威厲而刑措不用也。故刑其仁義。謹其教道。故民目晣焉而見之。使民耳晣焉而聞之。使民心晣焉而知之。則道不迷而民志不惑矣。詩曰。示我顯德行。故道義不易。民不由也。禮樂不明。民不見也。詩曰。周道如砥。其直如矢。言其易也。君子所履。小人所視。言其明也。睠言顧之。潸焉出涕。哀其不聞禮教而就刑誅也。夫散其本教而待之刑辟。猶決其牢而發以毒矢也。不亦哀乎。故曰。未可殺也。昔者先王使民以禮。譬之如御也。刑者鞭策也。今猶無轡銜而鞭策以御也。欲馬之進則策其後。欲馬之退則策其前。御者以勞而馬亦多傷矣。今猶此也。上憂勞而民多罹刑。詩曰。人而無禮。胡不遄死。爲上無禮。則不免乎患。爲下無禮。則不免乎刑。上下無禮。胡不遄死。康子避席再拜曰。僕雖不敏。請承此語矣。孔子退朝。門人子路難曰。父子諫道耶。孔子曰。非也。子路曰。然則夫子胡爲君子而免之也。孔子曰。不戒責成害也。慢令致期暴也。不教而誅賊也。君子爲政避此三者。

〔漢書董仲舒傳〕仲舒對策曰。王者承天意以從事。故任德教而不任刑。刑者不可任以治世。猶陰之不可任以成歲也。爲政而任刑。不順於天。故先王莫之肯爲也。今廢先王德教之官。而獨任執法之吏治民。毋迺任刑之意與。孔子曰。不教而誅謂之虐。虐任於下。而欲德教之被四海。故難成也。

子曰。不知命。無以爲君子也。

〔韓詩外傳卷六〕子曰。不知命無以爲君子。言天之所生皆有仁義禮智順善之心。不知天之所以命生。則無仁義禮智順善之心。無仁義禮智順善之心。謂之小人。故曰。不知命無以爲君子。小雅曰。

天保定爾。亦孔之固。言天之所以仁義禮智保定人之甚固也。大雅曰。天生蒸民。有物有則。民之秉彝。好是懿德。言民之秉德以則天也。不知所以則天。又焉得爲君子乎。

〔漢書董仲舒傳〕仲舒對策曰。人受命於天。固超然異於羣生。入有父子兄弟之親。出有君臣上下之誼。會聚相遇則有耆老長幼之施。粲然有文以相接。驩然有恩以相愛。此人之所以貴也。生五穀以食之。桑麻以衣之。六畜以養之。服牛乘馬。圈豹檻虎。是其得天之靈。貴於物也。故孔子曰。天地之性人爲貴。明於天性。知自貴於物。知自貴於物。然後知仁誼。知仁誼。然後重禮節。重禮節。然後安處善。安處善。然後樂循理。樂循理。然後謂之君子。故孔子曰。不知命。無以爲君子。此之謂也。

不知禮。無以立也。

〔風俗通愆禮篇〕夫聖人之制禮也。事有其制。曲有其防。爲其可傳。爲其可繼。賢者俯就。不肖跂及。是故子張過而子夏不及。然後無愈。子路喪姊。朞而不除。仲尼以爲大譏。況於忍能矯情直意而已也哉。詩云。不愆不忘。率由舊章。論語。不知禮。無以立。故注近世苟妄。曰愆禮也。

不知言。無以知人也。

〔春秋繁露必仁且智篇〕莫近於仁。莫急於智。不仁而有勇力材能。則狂而操利兵也。不智而辯慧獧給。則迷而乘良馬也。故不仁不智而有材能。將以其材能以輔其邪狂之心。而贊其避違之行。適足以大其非而甚其惡也。其强足以覆過。其禦足以犯詐。其慧以足惑愚。其辨足以飾非。其堅足以斷辟。其嚴足以拒諫。此非無材能也。其施之不當而處之不義也。有否心者不可藉便執。其質愚者不可與利器。論之所謂不知人也者。恐不知別此等也。而不智。則愛而不別也。智而不仁。則知而不爲也。故仁者所以愛人類也。智者所以除其害也。

論語古義卷二十竟

中華民國二十三年三月初版

(一〇九四二)

論語古義一冊

每冊定價大洋捌角

外埠酌加運費匯費

撰集者 楊樹達

發行人 王雲五 上海河南路

印刷所 商務印書館 上海河南路

發行所 商務印書館 上海及各埠

(本書校對者 滕秉全 夏成達)